财务管理与会计内部控制研究

张喜军　刘　娟 ◎著

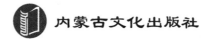

内蒙古文化出版社

图书在版编目（CIP）数据

财务管理与会计内部控制研究 / 张喜军，刘娟著
. -- 呼伦贝尔 ：内蒙古文化出版社，2023.9
　　ISBN 978-7-5521-2376-0

　　Ⅰ．①财… Ⅱ．①张… ②刘… Ⅲ．①财务管理－研
究②会计检查－研究 Ⅳ．①F275②F231.6

中国国家版本馆 CIP 数据核字(2023)第 191098 号

财务管理与会计内部控制研究

张喜军 刘娟 著

责任编辑 黑 虎

装帧设计 北京万瑞铭图文化传媒有限公司

出版发行 内蒙古文化出版社

地 址 呼伦贝尔市海拉尔区河东新春街 4 付 3 号

直销热线 0470-8241422 　　　 **邮编** 021008

印刷装订 廊坊市源鹏印务有限公司

开 本 787mm×1092mm 1/16

印 张 13.25

字 数 217千

版 次 2024年10月第1版

印 次 2024年10月第1次印刷

标准书号 978-7-5521-2376-0

定 价 72.00元

前　言

在我国经济不断提升、国家大力提倡创新型发展的背景下，财务管理与会计工作也应当紧跟时代步伐，与时俱进。然而，在传统财务管理和会计核算工作中，还存在着诸多问题，无法满足企业在快速发展中不断产生的新需求，且影响会计信息的质量。企业管理者应该对其进行细致的考虑，进而逐渐推进财务管理工作使其实现创新性跨越式发展。财务管理工作对于企业发展十分重要，从某种程度上而言，不仅影响和制约着企业的其他各项经营活动，而且决定着一个企业未来的发展和兴衰成败。由此可见，如何做好企业的财务管理和会计核算工作，如何对陈旧的财务管理和会计工作模式进行创新，是企业中每一位经营管理者必须着重思考的问题。此外，伴随着当今世界不断涌现的经济全球化浪潮，资本市场与跨国公司快速发展，着力推动企业财会工作的创新性发展、实现企业财务管理与会计核算的现代化和科学化已迫在眉睫。新形势下，更新财务管理的理念、方法和技术，制定一套规范性的国际会计准则，以此来协调企业财务会计实务，已成为越来越多企业关注的焦点。由此可见，对于企业财务管理与会计内部控制工作这一问题的研究具有十分重要的理论价值和现实意义。

会计发展的历程表明，经济越发展，会计越重要。会计作为市场经济活动的重要组成部分，其信息质量的高低直接影响着经营者、投资人和社会公众等相关者的利益，进而影响整个国民经济秩序。随着我国社会主义市场经济的发展，经济业务推陈出新，会计处理日趋复杂，不断对会计从业人员提出着新问题和新挑战。社会对高质量、高透明度会计信息的需求不断增加，所有这些都要求会计从业人员不断提高其自身的专业素质。由此可见，要想保证社会主义市场经济有序运行，就必须强化对会计人员的继续教育和管理，充分发挥会计在市场经济中的重大作用。

目　录

第一章 新时代背景下财务管理的意义

第一节 新时代背景下财务管理的理论结构分析

随着社会的发展，财务管理越来越受到人们的重视，在企业管理和发展中亦发挥了很大的作用。然而，我国的财务管理理论相较于其他国家出现得较晚，且不够健全，同时我国的财务管理实践需要科学化的财务管理理论指导，以规范财务管理人员的言行，促进我国财务管理的发展和进步。

一、财务管理理论结构概述

财务管理理论是在过去的财务管理实践的基础上进行归纳和总结，然后在实践中加以发展、再总结，得出系统化、科学化、合理化的财务管理指导思想，继而发展成为一套理论。财务管理理论可以使财务管理工作更具科学性和有效性，从而发挥财务管理工作的最大作用。财务管理理论结构是指财务管理所包含的几个大的方面，这几个大的方面的重要性的先后顺序及排序标准。

二、我国财务管理理论结构研究的现状

我国财务管理理论结构，以财务管理环境为起点、财务管理假设为前提、财务管理导向为目标，是由财务管理的基本理论及财务管理的应用理论所构成的理论结构。

（一）我国财务管理理论的内容不完整

我国财务管理理论主要是针对于财务管理的对象、原则、方法等，而对于财务管理的假设和目标的实现管理上的力度却严重不足，财务管理理论的内容并不全面，缺乏财务管理的科学机制，财务管理人员缺乏一套系统的、科学的财务管理理论作为财务管理工作的理论依据。

（二）我国财务管理理论的层次不明确

在我国财务管理理论结构中，对于财务管理中的新问题只是进行无条件的累加，并没有对其进行系统、科学的分类，因此无法明确财务管理理论结构中的要素，导致财务管理理论结构的层次不明显、界定混淆，使得财务管理人员不能正确地对财务管理对象进行分类，降低了财务管理工作的效率。

（三）我国财务管理理论的逻辑不严谨

科学、系统、合理的财务管理理论结构，能够使财务管理工作前后呼应，能够充分体现出逻辑性，使财务管理工作具有明显的条理性。如果财务管理工作没有严谨的逻辑作为指导主线，就会大大减弱财务管理的作用，影响财务管理理论结构的发展。

三、财务管理理论结构的构建

（一）财务管理理论的基础

财务管理理论的基础，主要是指财务管理环境、财务管理假设、财务管理目标这三者之间的关系和发展状况。财务管理环境是进行财务管理工作的逻辑起点，一切的财务管理工作都是围绕这个出发点开始的，也是以它为基础开展一切工作的；财务管理假设主要研究财务管理的主体以及市场投入产出之间的比例，是构建财务管理理论结构不可缺少的组成部分；财务管理目标是指开展财务管理工作将要达到的目标或者目的，是在财务管理环境和财务管理假设的基础上建立的，对涉及财务管理的业务具有导向作用。财务管理目标既是对财务管理环境和财务管理假设的总结，又可以指导财务管理工作的开展。目前，我国实行的市场经济，使财务管理理论所承担的压力变大了，要能对市场经济下的资金进行合理的分配和支出，能够实现经济效益最大化。

（二）构建财务管理的基本理论

财务管理工作的开展需要遵循一定的原则和方法。财务管理的内容、财务管理的原则、财务管理的方法都是财务管理的基本理论，从这三个方面入手，可以保证财务管理理论的科学性和合理性。财务管理工作主要是针对筹资、投资、营运及分配等方面开展的。财务管理原则可以有效地约束财务管理工作的行为，可以使财务管理理论更加科学化、系统化。把财务管理的内容与财务管理的目标联结在一起，能够提高决策的正确性。

（三）建立财务管理通用业务理论

财务管理通用业务是指一般财务管理工作，属于比较大的范围。在财务管理通用业务中，可以对筹资、投资、营运等业务进行系统的总结和研究，可以指导财务管理向着正确的方向发展，可以为财务管理理论的建立提供强有力的事实依据，还可以提高财务管理理论结构的科学性。财务管理理论结构的建立，实际上是为财务管理工作提供一个比较大的框架，任财务管理工作者在这个框架里发挥，也为财务管理中的资金支出情况做了系统分配，从而确保财务分配上存在着一种"公平性"。

综上所述，财务管理理论结构为财务管理工作的开展提供了强有力的理论依据，同时财务管理理论结构的建立也受到多方面因素的影响和制约。事实上，财务管理理论在我国财务管理工作中具有很高的地位，因此要形成一套逻辑性强、科学化、系统化的财务管理理论，以确保我国财务管理工作开展的正确性和有效性。

第二节　新时代背景下财务管理的价值创造

财务管理是企业管理的重要组成部分，是实现价值最大化这一经营目标的重要手段。财务管理的价值创造能力水平越高，其在价值创造中的地位越高，创造价值的效率和质量就越高，因此提升财务管理的价值创造能力，有助于其更好地创造价值，意义重大。

一、财务管理的价值创造

财务管理的价值创造是通过一系列财务管理活动来为其创造价值，以期实现价值最大化。财务管理在价值创造过程中扮演着诸多角色，不但可以直接创造价值，而且能以支持辅助的方式间接创造价值，还可以保护其现有价值不受损害。

（一）价值创造

财务管理可以通过多种方式来实现价值创造。一是通过投资、享受政府优惠补贴政策、开展理财活动等财务活动，直接为其增加现金流或获取收益；二是通过统筹运用各项资源、集中管理资金、统一结售汇、税务筹划等方式，降低各项成本。

（二）价值促进

财务管理可以通过辅助支持的各项价值创造活动来促进价值的提升。一是通过预算管理，合理配置资源；二是通过评价考核、薪酬激励、奖励惩罚等措施的执行，促使价值创造能力发挥最大作用；三是进行财务分析，供管理者参考、为决策服务，协助各项价值创造活动有序高效地开展。

（三）价值保护

财务管理还可以采取财务措施保护其现有价值不受损害。一是通过内部控制手段，防范潜在风险，实现价值保值；二是通过财务审计，规范财务管理制度，防止其价值受到损害。

二、财务管理的价值创造能力

（一）含义

价值创造能力是指创造价值的主观条件总和，是实现价值最大化目标的能力。财务管理价值创造能力则是指通过财务管理手段为其创造价值的能力。

（二）影响因素

影响财务管理价值创造能力的因素包括以下几个方面：

1. 人员

财务管理工作具体是由财务管理人员执行的，财务管理人员的专业能力越强，财务管理工作往往更能实现其价值创造的目标。

2. 制度

制度体系的建立，使财务管理价值创造活动有制可循、有章可依，有利于规范其价值创造活动，提高价值创造工作的效率及质量。

3. 流程

完善、高效的流程，可以解决相关管理要素不能得到有效利用时的闲置浪费的问题，使财务管理更有序，充分发挥财务管理的最大效率，为财务管理价值创造活动提供助力。

4. 方法

先进科学的管理方法能保证财务管理在价值创造活动中实现管理功能，保证其发挥应有的作用，因此财务管理方法对其能否充分发挥财务管理的价值创造作用的影响很大。

5. 环境

财务管理环境是指对财务活动产生影响作用的各种内部和外部条件。财务管理活动离不开财务管理环境，财务管理环境必然影响财务管理活动。

三、提升财务管理价值创造能力的几点建议

提升财务管理的价值创造能力，应围绕创造价值的目标。

（一）提升财务管理人员的能力

一是树立价值创造理念。仅从形式上去做财务管理工作是绝对不行的，必须将价值创造的理念深入到参与财务管理的每一个人的心中。财务管理人员首先应该改变自身理念，只有认同财务管理价值创造者的角色，才能真正通过意识和理念去指导实践，以实现价值创造的目标。

二是提升财务管理人员的专业素质，培养企业所需的复合型人才。财务管理人员应当学习并不断更新财务管理方面的政策和知识，提高业务素质；加强对企业业务、流程、部门架构等的了解；加强沟通与协作，储备较为全面的综合知识，以便更好地为价值创造机制服务。

（二）建立以价值创造为导向的财务管理制度体系

一是完善制度。在价值创造过程当中，想要财务管理工作高效地创造价值，就必须对原有的财务管理制度进行梳理，从价值创造的角度对原有制度进行评估、修改及补充，将价值最大化的目标体现落实到相关制度中。

二是建立制度体系。以价值创造为导向的财务管理制度体系应分为几个层次，最底层是具有操作性的实施细则，中间层是具有指导意义的管理办法，最高层是财务管理的价值创造总纲领。

三是用文字记载。相关规章制度应以文字方式形成文件，确保制度的约束性、严肃性和引导性，使财务管理价值创造活动有所依据。

（三）改进财务管理流程

将财务管理与业务流程相结合，让财务部门和财务管理人员全面参与到整个价值链流程中，将管理措施融入各环节，从价值创造的角度帮助各业务部门、经营环节做出事前的预测规划、事中的监督控制、事后的评价等，实现价值链上的财务协同，为价值创造提供全面支持。

（四）应用现代管理方法

借助信息技术、互联网等现代管理方法，可以增加沟通、及时获取相

关政策制度、及时处理财务及经营信息、实现多维度数据统计等，有利于在提高财务管理价值创造活动效率的同时减少或避免差错，切实保证财务管理价值创造活动的质量。

根据实际，采用各类先进科学的管理方法。例如，财务分析中常用的杜邦财务分析法，从净资产收益率出发，对影响该指标的因素进行层层分解，通过这种财务分析方法帮助企业及时发现经营中存在的问题，从而更好地创造价值。再如，预算管理实践中比较有代表性的全面预算管理法，以提升价值为目标，通过价值驱动因素配置资源，使低效资源加快流转，提高资源使用效率，同时将价值管理导向贯穿预算管理的执行、分析与控制全过程，促使价值不断提升。

（五）营造财务管理价值创造的环境

形成财务管理的价值创造文化，充分发挥其应有的作用，营造并保持财务管理人员参与价值创造的内部环境。财务管理的价值创造文化是财务管理价值创造目标与财务管理人员的纽带，把从事财务管理的人员团结起来，形成巨大的向心力和凝聚力。这种从内心产生的效应，足以胜过任何规章制度和行政命令。

在提升自身财务管理价值创造能力的过程中，企业应关注提升效果，对于未达到或偏离了原有目标的，应及时调整，同时还应克服认知惰性，适时主动地根据其实际情况，对提升财务管理价值创造能力的方式、方法予以修正，只有这样才能真正地提升自身的财务管理价值创造能力，达到提升价值的目的。

第三节　财务管理环境变化对现代财务管理的影响

在近几年的发展中，很多企业加强了对财务管理环境变化的分析与研究。一方面是由于财务管理水平与财务管理环境的变化有着密切的联系，需要相关管理团队能够对两者之间的关系进行深入的研究与探讨，从而为财务管理工作的开展提供可参考的依据；另一方面是由于传统老套的方式和理念已经不能满足现代财务管理的需要，如果不能及时对财务管理制度、理念以及模式等进行创新和完善，那么就会影响企业的正常发展。

一、财务管理环境变化的内容

（一）发展模式方面

财务管理环境在变化的过程中，会在很大程度上引发其发展模式的变化，而发展模式的变化不仅对财务管理的核心的构建有着重要的影响，还对财务管理的开展有着重要影响。财务管理中涉及很多方面的内容，如资金管理、预算控制及风险规避等，因此，当发展模式受到财务管理环境变化而发生改变的时候，财务管理部门就需要对这些内容进行重新部署与安排。只有通过这样的方式，才能进一步满足发展模式变化的需要，对财务管理工作的开展提供有利的条件。

（二）金融全球化方面

在财务管理环境变化的过程中，财务管理部门会根据金融全球化的发展现状对融投资环境做进一步的分析与研究。同时，还会对融投资中涉及的风险问题做进一步的控制和防范，从而确保融投资的安全，因此，财务管理工作的开展也会间接发生改变。

（三）经济信息化方面

随着经济的不断发展，国与国之间的交流和联系日益密切，经济全球化的趋势已经愈演愈烈，以跨国商品和服务为主要经营对象的跨国公司也广泛兴起。跨国商品和服务的产品流通模式和形式，与传统经济有着很大的差别，经济技术也有着很多的变化。而经济信息化的发展，是财务管理环境变化的重要部分之一，其以互联网技术和电子计算机技术为基础，通过信息的共享和技术的沟通，已经对经济运行的模式产生了巨大的影响，因此需将财务管理模式调整为与之相应的方式。

二、财务管理环境变化对现代财务管理的影响

（一）资产评估体系构建方面

资金的平稳运行与发展对财务管理工作的开展有着重要的意义，而资产评估体系的构建在很大程度上推动了财务管理水平的提升。对于资产评估中存在的难点问题，相关管理团队能根据实际情况，对相应的会计核算工作以及评估工作进行优化处理。

然而，在实际资产评估的过程中，很多管理团队没有按照规范的计量模式或核算方法进行相应的工作。而这种情况的出现，会对资产评估的价值

分析与评价造成一定的影响。在财务管理环境变化的引导下，相关管理团队应当进一步提高对资产评估的重视与研究，并根据实际财务管理环境的变化情况，对现金流量计量及管理模式等进行优化，制定出有利于财务管理的计价方式，推进资产评估体系的构建。

（二）财务管理网络优化方面

由于互联网时代的发展及电子计算机技术的推广，很多行业在发展的过程中都会将先进的网络技术及电子技术等应用其中，在顺应时代发展需要的同时，促进行业的平稳发展。因此，财务管理模式也会受到财务管理环境变化的影响而发生改变，而将网络技术及电子计算机技术应用到财务管理网络系统建设中，逐渐成为其发展中的重要内容。合理应用网络及电子计算机技术，不仅能够有效控制财务管理工作中存在的问题，还能进一步提高财务管理的质量与效率。

比如，财务管理过程中会涉及很多的数据和信息，但是相关工作人员在进行计算和核对工作的过程中，会受到某些因素的影响，进而出现问题。而合理应用网络技术就能够在很大程度上降低这类情况出现的概率，同时还能间接提高信息核对及数据计算的准确性，为财务管理工作的开展提供有力支持。另外，对财务管理网络进行建设与优化，还能实现资源的合理配置，提高信息共享的效率和价值，同时对财务管理人员积极性的提升也有着重要的意义和影响。因此，相关财务管理团队应当提高对网络建设的重视。

（三）财务管理内容变化方面

除了上述两点内容外，财务管理环境的变化还会对财务管理内容产生影响。由于财务管理的效率和质量会随着国家经济环境的变化而变化，要想保证财务管理工作的顺利开展，就要求财务管理相关管理团队根据经济环境实际变化情况来对相应的财务管理内容进行更新与优化。

再者，近年来，随着很多大型跨国公司的出现，相关的融投资行为也成为普遍现象。而融投资模式的出现，不仅间接地提高了经济水平及筹资的效率，还带动了计算机技术的应用与推广，使得融投资方法变得多样化，财务管理内容因此也变得充实起来。

另外，在财务管理内容发生变化的同时，一些跨国公司还会将新型的投资方式应用到实际的工作中，这不仅给企业的发展提供了更多可参考的依据，还间接地促进了财务管理模式的创新与升级。虽然财务管理会受到一些因素的影响而出现风险问题，导致投资效率下降。但是，财务管理内容在改变的过程中，会间接优化受益模式和管理内容，能够在一定程度上规避风险，提高财务管理质量，对经济水平的提升有着重要的意义和影响。

（四）财务管理理念革新方面

在经济全球化、金融全球化、信息化、知识资本化等经济环境的影响下，财务制度也应当从财务管理理念、财务管理内容、评估系统的构建、电子网络系统的构建等方面进行适当的调整和革新，以适应日益变化发展的经济形势，提高财务管理效率。财务管理环境主要包括经济全球化、电子商务化、核心重建等部分，面对这些环境的变化，财务管理也必然要做出一些调整，以适应大环境的发展。

受当前财务环境的变化影响，现代财务管理必须适时进行变革和创新。

一方面，在财务理念和理论构建上，应当重视工业经济和知识经济的全面发展，使其在保证经济增长的基础上，还能从技术层面和资金管理层面实现对财务管理的优化。也就是在传统财务管理工作的基础上，优化资金使用效率和风险规避制度，确保管理者能够正确地决策和投资。

另一方面，应当积极促进财务管理创新。因为财务管理工作的目标是发挥资金的最大效用，并且能够最大限度地降低风险，而单位人员关系的协调和生产能力的激发又能够从根本上提高效益，所以在财务管理上，应当将人员关系优化与财务管理创新相结合，在优化人员管理制度的基础上，实现财务关系的协调和创新。

三、财务管理未来发展趋势

（一）财务理论和关系创新发展

为适应经济发展形势，在进行生产经营过程中，企业必须具备稳固的理论基础，以适应社会信息化发展，紧跟知识型经济的发展步伐，以更好地适应财务管理环境的变化，提高适应性和灵活性，保证财务管理工作的有效实施。随着环境的变化，财务管理的目标发生了一定的变化，由实现股东财富最大化转向价值最大化，以保证各个相关者的利益。财务管理的关系也随之发生了一定的变化，更加侧重于对内部的管理，注重内部员工关系的维护，以营造和谐稳定的内部环境。

（二）筹资和投资丰富化

随着经济全球化的发展，金融工具更加丰富。网上融资模式的出现，使融资领域得到扩展，为企业融资提供了更加广泛的渠道，以实现内部资源的合理配置，提高总体竞争能力。筹资和投资方面的变化，有利于企业合理利用资金，降低出现资金短缺的可能，保证内部资金的流动性。

（三）受益分配合理化

关于受益的分配，物质资本提供者主要以资本所有权为依据进行分配，而知识创造者在领取基本工资的同时，可以依据对知识资本的创造参与利益分配，获取相应的收益，受益分配方式更为合理。

（四）预算评价体系专业化

财务管理工作离不开财务预算，各种报表是高层管理者进行决策的基本依据。因此，一个公平合理的预算管理体系对于财务管理工作至关重要，通过准确的数据分析，能够真实地反映运营状况，合理预测偿债能力、盈利能力及市场表现情况等。按照预算考核结果进行奖惩，能够更好地推动企业建设合理有效的预算体系，保证预算体系的专业性，从而实现可持续发展。

随着经济形势的转变，财务管理的环境发生了变化，进而对财务管理工作提出了更高的要求，使得财务管理的内容和对象不断扩大。为提高核心竞争力，稳定企业在市场中的地位，相关管理团队必须结合市场行情和经济形势对财务管理进行创新，在理论结合实践的基础上改进财务管理工作，提高财务管理的灵活性，更好地适应财务管理环境的变化，从不同的角度满足其发展的需要，实现经济利益的提高，并达到企业总体目标。

第二章　新时代背景下财务管理的创新理念

第一节　绿色财务管理

经济的高速发展，带动了各个行业的进步。然而当人们在为所取得的成就喝彩的时候，却不得不面对一个非常严重的问题，即资源的总量日益减少，环境质量越来越差。在这个背景之下，财务管理工作就会朝着绿色管理阶段发展。所谓的绿色管理，具体来讲是将环保和资源管理以及社会效益融合到一起的一种管理方法。

一、绿色财务管理概述

绿色财务管理，即在之前的财务管理方法的基础之上，更加关注环境及资源，它的目的主要是带动社会的长久发展。

（一）绿色财务管理的内容

1.绿色财务活动

它在原有的财务内容中增加了环保和资源利用两个要素，它规定相关的主体在开展财务工作的时候，不单单要将经济效益考虑在内，还要将资源的全面利用及消耗能力、生态的受损程度以及恢复生态环境所需的资金等考虑在内，它更加重视社会的长远发展。

2.绿色财务关系管理

绿色财务关系管理是在原有与出资人、债权人、债务人、供应商、买家、政府、同行等财务关系管理的基础上，增加了对资源关系、环境关系的管理内容。具体来讲，在开展新项目的时候，除了要做好和环保机构的沟通工作以外，还要联系资源部门，这样做的目的是保证新项目在新的状态之下不会有较为严重的问题产生，否则就会导致资源受损，无法被永久利用。

（二）开展绿色管理的意义

1.带动财务管理工作的进步

我们都知道，作为一种科学体系，财务管理工作并不是一成不变的，它是会伴随社会的发展而一直进步的。当相关环境改变了，与之对应的各种系统及体制等都会随之改变，只有这样才能够适应新的发展态势。当今社会，资源的总数只会减少，并不会增加，因此为了长久发展，就必须开展绿色管理。

2.促进社会和谐发展

我们人类在这个世界上已经存在了数千年，出于自身生存和发展的需求，我们需要一直开展各种活动，而各种活动的最终目的都是获取利益。由于人的总数在不断地增加，虽说一个单体的活动可能不会对资源及生态产生负面效应，但如果是几亿人共同活动呢？后果可想而知。所以，为了避免生态继续恶化，为了我们的子孙后代能够更好地生活在这个世界上，就要开展资源和生态保护工作。在这种背景之下，我们就必须开展绿色管理。

二、绿色财务管理的现状

（一）环境、资源的产权难认定

以海洋资源为例，海洋占到了地球总体面积的 70% 左右，海洋资源的产权本身就难以划分。对于资源和环境而言，地球才是总体，这种人为地、条块化地划分，并不利于资源和环境的整体向好；另外，即使海洋资源的产权可以划分清楚，但是海洋并不是静止不动的，海水每天都在流动，海里的资源每天都在变化，假如发生原油泄漏事故的话，海洋污染物会随着洋流运动发生扩散，很可能会扩散到其他国家的管理范围内。因此，环境、资源的产权很难认定。

（二）在环境、资源问题上，各国间难以形成责任共担机制

环境和资源其实是属于全人类共有的，但是在环境、资源问题上，各国间很难形成责任共担机制。如二氧化碳的排放超标，是极地上空形成臭氧层空洞的主要原因，各国在减少二氧化碳整体排放量这件事情上，早已形成了共识。但是，具体到谁应该减少、减少多少的问题上，每个国家为了自身经济的发展，都在尽可能地争取最有利的减排额度，甚至互相指责，不断推卸责任，责任共担机制更是难以形成。

（三）缺乏对绿色财务管理的评价体系

绿色财务管理尚处在摸索阶段，评价体系更是缺乏。目前，比较被认可的绿色财务管理评价指标主要有绿色收益率和绿色贡献率，但是，这两个指标有一个比较突出的问题，就是难以进行衡量，即很难评价一个项目有哪些可以列入绿色收益率或者绿色贡献率的范围，以及列入绿色收益率或者绿色贡献率的评价比例标准是怎样的；很难像基尼系数那样有规定的标准，什么样的绿色收益率或者绿色贡献率的指标计算标准是正常的，什么样的指标计算标准是好的，什么样的指标计算标准是绝对不可以使用的。再加上目前并没有像注册会计师那样拥有审查资质的绿色财务管理师，人员队伍建设落后，绿色财务管理评价体系的建设更是难上加难。

（四）绿色财务管理的执行和监督不到位

每个国家都有相关的环境保护措施和资源控制制度，按道理，绿色财务管理的执行和监督本应不成问题，但是，在实际的生产生活中，绿色财务管理的执行和监督却不到位。由于法律、人员、经济等方面的原因，绿色财务管理的执行和监督处处受限。举个很典型的例子，就是化工企业废弃物的排放，在有人检查或参观的时候，环保设备是运行的，但是，一旦解除了检查或参观的限制条件，就会有很多企业偷偷向外直接排放废水、废气、废渣等废弃物，虽然国家三令五申，但不少企业依旧我行我素。环保部门的工作人员也不可能实时监控所属的所有企业。

三、原因分析

（一）对绿色财务管理的认识不足

由于很多人对绿色财务管理不认识、不了解，更不懂得，因此对绿色财务管理不重视，对绿色财务管理的研究也较少，至今都没有一套完整的关于资源和环境的产权认定标准，对绿色财务管理的执行和监督更是不到位。

（二）从众心理作祟

小到个人，大到企业、国家等各个主体，都存在一定程度的从众心理，所以才会造成在环境、资源问题上各国间难以形成责任共担机制的局面。

（三）绿色财务管理的评价体系不健全

由于前文中所说的绿色收益率和绿色贡献率等指标难以量化考评，新的指标如环保设备上新率、环保设备使用率、资源消耗量、可再生资源再生速率、资源利用率等一系列指标还在研究当中，加之对绿色财务管理的研究队伍目前还未形成规模，研究人员较少，也很难形成合力，缺乏环境保护、资源管理和精算师等专业人员，缺乏政府部门、企业乃至每一个主体的积极参与，导致到目前为止，绿色财务管理的评价体系很难健全。

四、加强绿色财务管理的措施

（一）加快对环境、资源等产权认定的研究步伐

虽然对环境、资源等的产权很难认定，但是，在人类社会可持续发展的宏观目标上，一定要发挥主观能动性，迎难而上，攻坚克难。首先，政府部门及企业等主体对绿色财务管理的认识、了解和重视不应仅仅停留在口头上，更要落实在具体行动中；其次，要加强绿色财务管理研究人员的队伍建设，不仅要培养会计方面、财务管理方面的专业人员，更要培养环境保护方面、资源管理方面的专业人员，以及精算师、数学、地理等方面的专业人员，这是一项浩大的关系人类社会千秋万代的工程；最后，思想上重视了，人员到位了，还需要坚定不移地落实和执行，这项工作漫长而琐碎，任务很艰巨。

（二）加强各国政府间的沟通协作，责任共担，共同发展

在绿色财务管理的推行上，各国政府责无旁贷，加强各国政府间的沟通协作，责任共担，才能共同发展、共同繁荣。首先，要摒弃在环境保护和资源管理方面的从众心理，各国政府都应该认识到绿色财务管理的重要性、政府行为的重要性，加强政府间的沟通与协作，共同履行具有国际约束力的环境保护和资源管理公约；其次，要结合自身实际，灵活制定相关政策、法律和法规，并强制执行；最后，要加强相关的舆论宣传，通过舆论导向引导每一个主体的行为，从而为环境的净化和资源的可持续开发利用提供可能。

（三）健全绿色财务管理的评价体系

健全绿色财务管理的评价体系，需要把评价体系具体细化，增加新的评价指标，并加以量化。但是当前诸如环境改善带来的幸福指数、资源利用效率提高带来的经济效益等这些指标很难量化，而且，人类对绿色财务管理的认知还在不断进步，绿色财务管理的评价体系后续的完善工作仍需继续努力。

（四）政府引导，加强对绿色财务管理的执行和监督

政府间的合作共赢在绿色财务管理的推行上固然重要，但是，具体执行和监督涉及每个人、每个企业、每个组织、每个国家等各个主体，所以，

政府的引导非常重要。除了政策、法律、舆论先行之外，相关的奖励和惩罚措施也非常重要，具体如何处理，需要相关主体严格执行和监督到位。

第二节　财务管理信息化

财务管理信息系统是企业管理信息系统的核心组成部分。随着当前网络与通信技术的高速发展，特别是以目标成本管理和预算控制管理为核心的现代化财务管理系统的发展，简单的财务电算化管理信息系统已经不能够满足企业对管理信息的要求。企业需要更健全、更完善的财务管理信息系统——一个集会计核算、财务管理和经营管理为一体的财务管理信息系统。财务管理信息化需要由单纯的会计核算型向财务管理分析型及企业信息系统集成型转变，进而为企业生产、经营和管理提供信息集成和决策辅助等功能。

一、财务管理信息化建设中存在的问题

随着组织规模的不断扩大，业务越来越复杂，财务管理工作需要不断地细化和深化，财务人员的工作量也不断增加。大量的数据需要及时处理，财务信息的关联程度越来越广，传统的基于手工信息处理特点而设置的会计业务流程传递越来越暴露出不足，无法满足财务管理的需要。即便在已实现会计电算化的企业，财务管理信息化也暴露出诸多的问题，影响企业的管理，制约企业的发展。

（一）对财务管理信息化的核心地位认识不强

许多企业在信息化建设投入中缺乏重点。部分企业对财务信息化建设的认识还停留在 IT 技术替代手工操作的层次上，认为实现会计电算化就是财务管理信息化的目标，对实现现代化管理的信息资源的需求了解不够，没有认识到财务管理信息化是单位管理信息化核心，是管理现代化的保障。

（二）信息失真、信息不集成，难以为科学决策提供依据

现代企业管理最根本的是信息的管理，企业必须及时掌握真实准确的信息来控制物流、资金流。然而，当前我国相当多企业的信息严重不透明、不对称和不集成，没有做到数据的充分挖掘和利用，数据采集、处理口径不一。另外，由于应用的软件不够统一，没有统一的信息编码标准，使得信息的利用率和整合程度不高。

（三）传统会计流程存在缺失

在传统的会计体系结构中，会计数据以汇总的形式重复存储于信息系统，难以反映经济业务的本来面目，并且所反映的信息往往滞后于业务信息，信息的滞后不仅影响了信息的质量，而且降低了它的相关性，以至企业无法从效益的角度对生产经营活动进行实时监控。当 IT 技术在各个领域得到广泛应用时，尽管许多组织的财务人员积极将 IT 技术应用于会计信息系统。但是人们在传统财务会计体系结构的束缚下，并没有充分发挥 IT 技术的优势，重新设计财务会计流程，只是简单模仿和照搬手工的流程。

（四）缺乏财务信息化管理的复合人才

现代企业都愈来愈重视人才的开发和培养，企业不仅拥有各类技术人员，而且拥有生产经营方面的专家和研发人员，也拥有从事计算机控制方面的技术人员等。但基于中国的国情，很多财务部门人才很匮乏。如许多国有企业或私营家族企业，其财务人员往往学历不高，缺乏信息化管理能力及思想，其财务管理能力和理念已经不能适应现代企业管理的需求。

二、信息化建设的重要意义

从管理角度来看，信息化建设在财务管理工作中具有重要的实践意义，主要表现在以下四个方面：

（一）信息化在财务管理工作中的应用大大提高了财务管理工作水平

信息化在财务管理工作中的应用，将会计人员的双手从过去繁重的手工劳动中解放出来，会计人员只需掌握信息系统的一些简单操作方式，就可以对财务数据进行计算机录入，必要时还可以进行反复修改，及时进行会计核算，制作各种财务报表。毫无疑问，利用信息化系统完成这些工作，差错率小、可靠性高，提升了财务数据的准确性。

（二）信息化在财务管理中的应用可以有效控制其成本

成本控制是财务管理工作的核心环节，也是其实现最终盈利的根本保障。利用财务管理信息化建设的先进性，财务部门可以全程掌握生产经营中各项大额成本支出的请购、采购、库存和审批等过程，使生产经营中各项大额成本支出的请购、采购、库存和审批等过程在运行中留有痕迹，提高了企业对成本支出等费用的管控能力，降低了各项成本费用指标的超标可能。

（三）财务管理信息化建设使企业的资金管控更为严格

企业的日常经营管理活动是以预算管理为主线、以资金管控为核心而开展的，是以货币计量方式对其经营活动的资金收支情况进行统计和记录的。其中，在企业项目资金的管理方面，企业是以资金使用的活动情况为核算对象的。如果构建了财务管理工作的信息化系统，企业就可以借助信息化系统对其资金使用情况进行统筹和预测，降低企业采购与财务之间的往来频率，财务人员也能够利用信息化系统了解采购计划的相关信息，从而有针对性地制订出筹集资金和付款计划，提高工作效率，减少管理漏洞。

（四）财务管理信息化建设提升了财务信息传递与交流的时效性

人们常常会听到这样的口号："时间就是金钱""效率就是生命"。其实，这两个命题的成立都需要建立在信息的有效传递与交流的基础之上。21世纪企业之间的竞争，当然也是信息的传递与交流的竞争。可以说，在财务管理中进行信息化建设，可以有效整合各部门之间的财务信息和数据，进而借助计算机网络进行汇总、分析、分流和反馈，极大地提高了财务信息传递与交流的时效性。

三、财务管理信息化建设的发展策略

（一）树立正确的财务管理信息化发展观念

财务管理信息化建设是企业实现财务管理现代化的重要前提，是一项以计算机应用技术、互联网应用技术、信息通信技术和"互联网＋"技术为基础的复杂的系统工程。这一工程的顺利建设和竣工，需要企业各级领导、各个部门的通力合作、全面支持，不可能一蹴而就。因此，在财务管理信息化建设进程中，企业各级领导和各个部门必须树立正确的信息化发展理念，既不能忽视、漠视、无视财务管理信息化建设对于企业发展的重要意义，不积极主动支持信息化建设工作，不积极主动解决信息化建设过程中遇到的问题，也不能操之过急，罔顾企业的技术条件和操作人员的专业化水平，仓促引进、盲目上马，造成财力、物力、人力等资源的浪费，更不能过分强调、放大财务管理信息化建设的功能，把信息化建设看成是可以解决一切财务问题的万能钥匙。在财务管理信息化建设进程中，企业各级领导和各个部门应本着实事求是、循序渐进的原则，在综合考量企业各方因素、条件的基础上，按部就班、有条不紊地实施信息化工程建设，这样才能为以后信息化建设在

财务管理中发挥应有的作用而奠定良好的技术和管理基础。

（二）加强领导对财务管理信息化建设的重视

21世纪是信息化建设大行其道的时代。信息化代表了先进的社会生产力，已经成为当今社会发展的大趋势。21世纪正在经历一场革命性的变化，世界范围内的信息技术革命将对人类社会变革的方向产生决定性的影响，将在全世界范围内建立起一个相互交融的全新的信息社会。所以，企业要完成财务管理信息化建设，其领导就要首先对财务管理信息化建设给予足够的重视，身先士卒、身体力行，结合企业的具体发展情况，根据财务管理工作的实际需要，切合实际地制定出具有企业特色的财务管理信息化建设规划。由于财务管理信息化建设资金需求量大，所以如果没有企业主管领导的力挺，信息化建设所需的大量资金是无法悉数到位的。因此，企业领导对财务管理信息化建设的重视是企业信息化建设取得成功的关键。

（三）加大对财务管理信息化建设的人才培养力度

财务管理信息化建设虽然已经被企业界广泛接受，并且也得到了应有的重视，但是客观地讲，其中财务管理信息化方面的操作人员和管理人才依旧相当缺乏。

因为，虽然财务管理信息化建设已经具备了广泛的社会影响力，但是从其发展历程来看，与传统的财务管理方式相比，仍然是新生事物，仍然处在摸着石头过河的探索阶段。财务管理信息化建设既然是新生事物，就必然需要大批的专业人士来熟练驾驭它，而从当前财务管理人员的整体结构来看，科班出身的人其实是凤毛麟角、少之又少的，高校里面接受过系统学习的专业人才尚未大面积奔赴社会，企业里的自有人才又如瞎子摸象，对财务管理信息化建设只是一知半解。毋庸讳言，财务管理信息化建设所需的专业人才正处于青黄不接的时期。目前所谓的操作系统、管理系统的专业人员，大多是半路出家，在"速成班"里经过短期的常识性培训就"光荣上岗"了，所以，一旦财务管理信息化的操作系统或者是管理系统出现问题，靠其自身的技术力量是没有办法解决的，企业只能请"外援"前来指点迷津。仅从这一点来看，加大财务管理信息化建设的人才培养力度，对于财务管理信息化建设的有效开展和顺利实施是尤为重要的。

（四）注重对财务管理信息化软硬件设施建设并重

在世界范围内的信息技术革命的推动下，财务信息化已经成为一种必然趋势。在大的时代背景下，企业没有退路，也没有选择的余地，只有认识、接受、建设和发展信息化才是明智的抉择，才不会被信息技术进步的浪潮淘汰出市场格局。企业要强化信息化建设成果，就必须坚持软件设施建设与硬件设施建设并重的原则，绝不可厚此薄彼。硬件设施是信息化建设的先决条件，离开它，财务管理信息化建设就无从谈起；软件设施是信息化建设的灵魂所系，没有它，财务管理信息化建设就是一潭死水。只有把软件设施建设与硬件设施建设有机结合在一起，让两者同步前进、协同发展，财务管理信息化建设才能真正实现企业建设的初衷，才能真正做到为企业发展助力加油。

第三节 财务管理与人工智能

当前，人工智能技术已经在我国得到了较快的发展，将人工智能技术与财务管理有机融合，能够实现先进高效的规划、预测、决策、预算、控制、分析等各种财务工作。人工智能在财务管理中的应用，将原本繁复的财务问题进行一一分解，变成若干子问题，然后得到最终的解题答案。

一、人工智能技术给财会行业带来的机遇

（一）提高了财会信息的处理质量

无论是财会行业还是审计行业，都必须严格遵循真实性原则，然而我国财会行业并未将这一原则真正落实到位。这主要是因为实际处理财会信息和审计信息过程中，依旧沿用着传统的手工方式进行编制、调整和判断，致使舞弊与错误行为屡见不鲜。所以，为了提高财会信息的真实可靠性，应减少人工处理财会信息的次数，进一步拓展人工智能，从而为财会信息处理的质量和效率提供保证。

（二）促进财会人员有效的工作，节约人力成本

现阶段，我国已经出现了为小企业做账的专业公司，虽然公司领导者对会计记账法与借贷记账法掌握和了解得不是很透彻，但该公司研发的软件可利用电子技术对原始凭证进行扫描，自动生成符合各级政府部门要求的财务报表，这不仅减轻了财会人员的劳动强度，还有效保证了会计核算的实效

性；审计部门利用开发的审计软件在提高审计工作效率的同时，还能在深入剖析财务报表的过程中及时发现审计问题，进而采取科学高效的审计手段解决审计问题。

（三）实施完善的风险预警机制，强化财会人员的风险意识

虽然已经有很多企业具备了风险危机意识，但在风险防范和风险发生过程中的决策能力始终不足。导致这种情况的根本原因在于企业缺乏一套切实可行、科学健全的风险预警机制，财会人员无法准确判断存在的风险，也不具备风险意识，所以，当遇到风险问题时往往显得手足无措。一方面，由于内部资金项目具有繁复性特点，很难顺利地开展纵横向对比；另一方面，财会人员缺乏较高的信息处理综合能力。因此，利用人工智能技术创建风险预警模型，通过各类真实可靠的财务数据对财务风险进行事先预警，不仅保障了企业资金的运营效率，而且能帮助企业及时找出不足之处，从而创建和谐美好的发展环境。

（四）实现了更为专业的财会作业流程

当前，财政部已经将管理会计列入了会计改革与发展的重点方向。过去针对业务流程来确立会计职能的工作模式，不仅会造成会计信息核算的重复性，而且还会影响财务风险预警的有效运行。所以，随着人工智能技术的全面渗透，企业将会精简那些只懂得进行重复核算工作的财会人员，而聘用更多有助于自身健康发展的、具备完善管理会计知识的财会人员。

二、人工智能技术在财务管理中的应用

（一）财务管理专家系统

财务管理专家系统涉及财务管理知识、管理经验、管理技能，主要负责处理各类财务问题。为了减轻对财务管理过程的描述、分析、验证等工作的劳动强度，很多企业都将涉及管理技能、管理理念及管理环境的财务管理专家系统应用到财务管理工作中。

在财务管理专家系统的应用中，人工智能技术根据具体的财务管理内容将其划分为筹资管理专家系统（涉及资金管理）、投资管理专家系统、营运管理专家系统（涉及风险管理与危机管理）、分配管理专家系统。这些系统中又涵盖了财务规划及预测、财务决策、财务预算、财务分析、财务控制这几方面的子系统。

　　在对各系统进行优化整合后，财务管理专家系统的综合效用便体现出来了：提高了财务预测的精准度，提升了财务决策的科学性，实现了财务预算与实际的一致性，提高了财务控制效率，使财务分析更加细致全面，进一步拓展了财务管理的覆盖面。

　　财务决策子系统在整个系统中占据重要的比重，而财务决策子系统的顺利运行离不开其他子系统的支持，因此，对这些子系统进行集成后形成了智能化的财务决策支持系统。利用智能化的财务决策支持系统有助于综合评估内部控制与资产分配情况，通过对投资期限、套期保值策略等进行深入分析后，能使投资方案进一步优化和完善。

　　（二）智能财务管理信息共享系统

　　财务管理查询系统和操作系统是智能财务管理信息共享系统的主要内容。通过 Microsoft Visual Studio.NET 对财务管理查询系统进行部署，然后操作系统中的 IIS 服务负责相关发布。将 .NET 框架设置于发布平台上，该框架负责运作各个 .NET 程序。

　　为财务管理信息共享提供相应的体系结构，企业会在节约成本的理念下向所有利益有关方传递真实可靠的关联财务信息。简单举例，随着 B/S 模式体系结构的构建并使用，企业实现了成本的合理节约，促进了各财务信息的及时有效共享，提高了财务信息处理效率。

　　通过操作系统中的 IIS 来发布财务管理查询系统，内部各职能部门只需要进入 Web 浏览器就能及时访问，而企业外部有关使用者只需要利用因特网就能对单位每一天的财务状况予以充分的掌握。

　　随着智能财务管理信息共享系统的生成及投入使用，财务管理工作变得更加完善、成熟，同时，在智能财务管理信息共享系统中利用接口技术吸收 ERP 财务信息包，实现了财务管理信息的透明化、公开化，突出了财务管理的即时性。

　　（三）人工神经网络模型

　　所谓的人工神经网络，指的是通过人工神经元、电子元件等诸多的处理单元对人脑神经系统的工作机理与结构进行抽象、模仿，由各种联结方式共同组成的网络。人工神经网络从范例学习、知识库修改及推理结构的角度出发，拓展了人类的视野范围，并强化了人类的智能控制意识。

人工神经网络模型涉及诸多由神经元结合起来所产生的模型，人工神经网络涵盖反馈网络（也可称之为递归网络）与前馈网络两个部分。其中，反馈网络是由诸多神经元结合后生成的产物，将神经元的输出及时反馈到前一层或者同一层的神经元中，这时信号可实现正向传播与反向传播。由于前馈网络存在递阶分层结构，因此，同一层中各神经元不可以相互连接，由输入层进入输出层的信号主要以单向传播方式为主，将上层神经元和下层神经元进行了连接，同一层神经元之间相互不能连接。

人工神经网络存在很多类型，比如 RBF 神经网络、BP 神经网络、ART 神经网络等。

其中，RBF 神经网络现已在客户关系管理、住宅造价估算等领域中得到了有效应用；BP 神经网络现已在战略财务管理、风险投资项目评价、固定资产投资预测、账单数据挖掘、纳税评估、物流需求预测等众多领域中得到了有效应用；ART 神经网络现已在财务诊断、财务信息质量控制、危机报警等领域中得到了高效的应用。

随着经济领域和管理领域对人工智能技术的广泛应用，越来越多的学者将研究重心放在了人工智能层面上，同时财务管理中应用 BP 神经网络来预测财务状况也取得了可喜的成果。因此，BP 神经网络成为现代人工智能应用研究的关键点，而成功的研究经验为财务管理的研究提供了重要依据。

综上所述可知，随着科学技术的快速发展，智能化的财务管理已成为必然，运用智能财务管理专家系统有助于提高财务管理水平及效率。今后的财务管理专家系统将逐步朝着智能化、人性化、即时化的方向快速迈进，可以想象，那个时候的智能财务管理专家将会全权负责繁复的财务管理工作，使财务管理人员不再面临庞大的工作量。出于对财务主体持续发展的考虑，在"以人为本"理念的基础上推行科学化财务管理工作，要在保证财务主体良性循环发展的同时，为各利益相关者提供预期的效益。

第四节　区块链技术与财务审计

区块链可以针对交易创建一个分布式账目，在这一分布式账目中，所有交易的参与者都能存储一份相同的文件，可以对其进行实时访问和查看。

对于资金支付业务来说，这种做法影响巨大，可以在确保安全性和时效性的基础上分享信息。区块链的概念对财务和审计有着深远的影响。随着财务会计的产生和发展，财务关系日益复杂，特别是工业革命兴起，手工作坊被工厂代替，需要核算成本并进行成本分析，财务管理目标从利润最大化发展到股东权益最大化。进入信息时代以来，互联网技术日益发展，其交易日益网络化，产生大量共享数据，人们开发了基于资源计划的会计电算化软件和基于客户关系的会计软件，传统企业进行业务交易，为了保证客观可信，通过各种纸质会计凭证反映企业间经济关系真实性。在互联网时代，企业进行业务往来可以通过区块链系统实现两个节点数据共享，以云计算、大数据为代表的互联网前沿技术日益成熟，传统财务管理以成本、利润分析为中心的模式被基于区块链无中心财务分析模式替代。由此可见，区块链技术的应用对财务、审计发展的影响是极为深远的。

一、区块链的概念与特征

区块链就是一个基于网络的分布处理数据库。其交易数据是分散存储于全球各地的，如何才能实现数据相互链接，这就需要以相互访问的信任作为基础。区块链通过基于物理的数据链路将分散在不同地方的数据联合起来，各区块数据相互调用其他区块数据并不需要一个作为中心的数据处理系统，它们可通过链路实现数据互链，削减现有信任成本，提高数据访问速率。区块链是互联网时代的一种分布式记账方式，其主要特征有以下几点：

（一）没有数据管理中心

区块链能将储存在全球范围内各个节点的数据通过数据链路互联，每个节点交易数据能遵循链路规则实现访问，该规则基于密码算法而不是管理中心发放访问信用，每笔交易数据由网络内用户互相审批，所以不需要一个第三方中介机构进行信任背书。对任一节点攻击，不能使其他链路受影响。而在传统中心化网络中，对一个中心节点实行有效攻击即可破坏整个系统。

（二）无须中心认证

区块链通过链路规则，运用哈希算法，不需要传统权威机构的认证。每笔交易数据由网络内用户相互给予信用，随着网络节点数增加，系统的受攻击可能性呈几何级数下降。在区块链网络中，参与人不需要对任何人信任，只需两者间相互信任，随着节点增加，系统的安全性反而增加。

（三）无法确定重点攻击目标

由于区块链采取单向哈希算法，且网络节点众多，又没中心，很难找到攻击靶子，不能入侵篡改区块链内数据信息。一旦入侵篡改区块链内数据信息，该节点就被其他节点排斥，从而保证数据安全。同时，由于攻击节点太多，也无从确定攻击目标。

（四）无须第三方支付

区块链技术产生后，各交易对象之间无须第三方支付就可实现交易，货款支付更安全，可以解决由第三方支付带来的双向支付成本，降低成本。

二、区块链对审计理论、实践的影响

（一）区块链技术对审计理论体系的影响

1. 审计证据变化

区块链技术的出现，使传统的审计证据也随之发生改变。审计证据包括会计业务文档，如会计凭证。由于区块链技术的出现，企业间交易在网上进行，相互间经济运行证据变成非纸质数据，审计的证据核对变成由两个区块间通过数据链路实现数据跟踪。

2. 审计程序发生变化

传统审计程序从确定审计目标开始，通过制订计划、执行审计到发表审计意见结束。计算机互联网审计要求采用白箱法和黑箱法对计算机程序进行审计，以检验其运行可靠性，在执行审计阶段主要通过逆查法从报表数据通过区块链技术跟踪到会计凭证，实现数据审计工作的客观性和准确性。

（二）区块链技术对审计实践的影响

1. 提高审计工作效率，降低审计成本

计算机审计比传统手工审计效率高。区块链技术为计算机审计的客观性、完整性、永久性和不可更改性提供保障，保证了审计具体目标的实现。区块链技术产生后，人们利用互联网大数据实施审计工作，大大提高了审计效率，解决了传统审计证据不能及时证实、不能满足公众对审计证据真实、准确要求的问题，满足了治理层了解真实可靠的会计信息，实现了对管理层有效监管的目的。在传统审计下，需要通过专门的审计人员运用询问法对公司相关会计信息发询证函进行函证，从而需要很长时间才能证实，审计时效性差。而计算机审计，尤其是区块链技术产生后，审计进入网络大数据时代，分布式数据技术能实现各区块间数据共享追踪，区块链技术能够保证这种共享的安全性，其安全维护成本低；由于区块链没有管理数据中心，具有不可逆性和时间邮戳功能，审计人员和治理层、政府、行业监管机构可以通过区块链及时追踪公司账本，从而保证审计结论的正确性；计算机自动汇总计算，也保证了审计工作的快速高效。

2. 改变审计重要性认定

审计重要性是审计学中的重要概念。传统审计工作需要在审计计划中确定审计重要性指标作为评价依据，审计人员通过对财务数据进行计算，确定各项财务指标，计算重要性比率和金额，通过手工审计发现会计业务中的错报，评价错报金额是否超过重要性金额，从而决定是否需要进一步审计。而在计算机审计条件下，审计工作可实现以账项为基础的详细审计，很少需要以重要性判断为基础的分析性审计技术。

3. 内部控制的内容与方法也不同

传统审计更多采用以制度为基础的审计，更多运用概率统计技术进行抽样审计，从而解决审计效率与效益相矛盾的问题。区块链技术产生后，人们运用计算机审计，审计的效率与效果都提高了。虽然区块链技术提高了计算机审计的安全性，但计算机审计风险仍存在，传统内部控制在计算机审计下仍然有必要，然而其内容已经发生变化，人们更重视计算机及网络安全维护，重视计算机操作人员岗位职责及岗位分工管理与监督。内部控制评估方法也更多地从事后调查评估内部控制环境，过程中运用视频监控设备进行实时监控。

三、区块链技术对财务活动的影响

（一）对财务管理中价格和利率的影响

基于因特网的商品或劳务交易，其支付手段更多表现为数字化、虚拟化，网上商品信息传播公开、透明、无边界与死角。传统商品经济条件下的信息不对称没有了，商品价格更透明了。财务管理中运用的价格、利率等分析因素不同于以前，边际贡献、成本习性也不同了。

（二）财务关系发生变化

财务关系就是企业在资金运动过程中所表现的与有关各方的经济利益关系，区块链运用现代分布数据库技术、现代密码学技术，将企业与企业以及内部各部门联系起来，通过大协作，从而形成比以往更复杂的财务关系。企业之间资金运动不再需要以货币为媒介，传统支付是以货币进行，而现代支付是电子货币，财务关系表现为大数据之间的关系，也可以说是区块链关系。

（三）提高财务工作效率

1. 直接投资与融资更方便

传统财务中，筹资成本高，需中间人如银行等参与。区块链技术产生后，互联网金融得到很大发展，在互联网初期，网上支付主要通过银行这个第三方进行，区块链能够实现新形式的点对点融资，人们可以通过互联网，下载一个区块链网络的客户端，就能实现交易结算，如投资理财、企业资金融通等服务，并且使交易结算、投资、融资的时间从几周、几天变为几分、几秒，能及时反馈投资红利的记录与支付效率，使这些环节更加透明、安全。

2. 提高交易磋商的效率

传统商务磋商通过人员现场交流沟通，对商品交易价格、交易时间、交货方式等进行磋商，最后形成书面合同，而在互联网上，区块链技术保证网上沟通的真实、安全、有效，通过网上实时视频磋商，通过网络传送合同，通过区块链技术验证合同有效性，大大提高了财务业务的执行效率。

（四）对财务成本的影响

1. 减少交易环节，节省交易成本

由于区块链技术的运用，电子商务交易能实现点对点交易结算，交易数据能同 ERP 财务软件协同工作，能实现电子商务交易数据和财务数据及时更新，资金转移支付不需通过银行等中介，解决双向付费问题，尤其在跨境等业务中可以少付许多佣金和手续费用。

2. 降低了信息获取成本

互联网出现后，人们运用网络从事商务活动，开创商业新模式，商家通过网络很容易获得商品信息，通过区块链技术，在大量网络数据中，运用区块链跟踪网络节点，可以监控一个个独立的业务活动，找到投资商，完成其重组计划，也可以通过区块链技术为其资金找到出路，获得更多投资收益。可见，区块链降低了财务信息获取成本。

3. 降低信用维护成本

无数企业间财务数据在网络上运行，需要大量维护成本，而区块链技术建立不基于中心的信用追踪机制，人们能通过区块链网络检查其交易记录、声誉得分以及其他社会经济因素可信性，交易方能够通过在线数据库查询财务数据来验证任意对手的身份，从而降低了信用维护成本。

4.降低财务工作的工序作业成本

财务核算与监督有许多工序，每一工序都要花费一定成本。要做好财务工作，保证财务信息真实性，必须运用区块链技术。由于其无中心性，能减少财务作业的工序数量，节省每一工序时间，在安全、透明的环境下保证各项财务工作优质高效完成，从总体上节约了财务工作的工序成本。

第五节　网络环境下的财务管理

财务管理在企业中的重要地位众所周知，财务管理工作更要适应企业，才能充分发挥其作用，更好地推动企业的发展。随着互联网技术的飞速发展，传统的财务管理难以跟上发展的步伐，给企业带来了严重的影响。创新财务管理已成为企业实现可持续发展的必然措施，使得财务管理工作更加适合企业的现代化发展。

一、网络环境下财务管理的优势

在财务管理中应用网络技术，一方面能够给财务管理工作提供更加精准的数据信息，同时便于数据的收集、整理和分析，不仅大大提高财务管理的质量和效率，避免或降低财务风险，还可以给企业的管理层提供客观、可靠、科学的决策信息，准确判断企业经营的现状，确定企业以后的经营方向；另一方面打破了地域、空间的限制，有效地实现了资源共享，既能够实现企业部门间的信息互通，还能够实现跨区域数据共享，企业可以及时获取运营数据，进而对企业的生产经营进行调整，实现财务与业务的协同管理模式，帮助企业在市场竞争中站稳脚跟，提高市场竞争力。

二、网络财务管理存在的主要问题

网络财务管理虽然有很多优势，但从目前情况分析，仍存在四个主要问题。

（一）网络财务管理的安全问题

网络财务管理虽然具有开放性优势，但也存在一些不容忽视的安全问题。例如，财务管理人员没有及时将有关信息存入磁盘、光盘，如果计算机出现问题，财务信息就有可能遗失，影响档案资料的调阅和查找；财务人员删除或伪造财务信息，可以不留痕迹；计算机病毒频繁出现，计算机遭受恶意攻击，难以保证网络财务管理工作的顺利进行。

（二）网络财务管理的资料保管问题

1. 财务档案保管不规范

财务档案是进行司法处理的有效证据，必须建立严格的保管制度。财务档案的保管，有很多不符合要求的地方。一些部门除了建立综合档案室外，其内部职能科、股、室又分别设立了小档案室，造成部分档案资料无法集中保管，遗失严重。一些部门在进行财务交接时，没有将财务档案妥善保管，有的甚至随意销毁，导致资料调阅和查找十分困难。有的资料室借阅制度不够完善，财务档案存在随意查阅和借出的现象。

2. 档案管理人员综合素质不高

一些部门对档案管理认识不足，投入力度不大，没有按要求配备专业的工作人员，而是由财务人员具体负责。这些财务人员，没有系统学习存档基本知识，整理的档案达不到规定标准。部分档案管理人员知识水平不高，文字表达能力和熟练运用现代化办公设备的能力不强，灵活处理实际问题的本领较弱。

（三）网络财务管理的审计取证问题

由于受传统财务管理的影响，审计人员习惯从账目中查找问题，凭证、账簿、报表成为审计取证的主要依据，审计线索十分清楚。在网络财务管理中，传统单据和纸质记录均已消失，各种财务信息都是以电子形式进行记录，肉眼无法辨别。如果被篡改或删除，几乎没有任何印迹，审计人员很难查找到其中的漏洞，加大了审计难度。另外，我国与审计取证相关的制度不够健全，审计系统软件开发不够完善，审计人员进行核查取证时，没有一个合理的衡量标准，审计收集的财务信息不够完善，增加了审计风险，不利于审计质量的有效提升。

（四）网络财务管理的技术人才问题

网络财务管理是网络技术和财务管理相结合的产物，不仅需要财务人员熟悉财务知识、网络知识和金融法律知识，而且要掌握排除网络系统故障的方法，还要具备一定的创新能力。而在实际工作中，低素质的会计人员仍然有很多，有的无学历或低学历，有的不懂得网络应用和财务软件的操作，还有的不认真钻研业务、工作马马虎虎，这些人员都无法适应网络财务发展的需求。

三、实施网络财务管理的有效策略

（一）网络财务管理的安全策略

1. 实行档案资料保密制度

财务人员在重要数据处理结束时，应及时清除存储器、联机磁带、磁盘程序，并及时销毁废弃的打印纸张；要定期查看财务档案的安全保存期限，并及时进行复制。

2. 实行财务管理人员保密制度

财务管理人员要签订管理责任状，做出相应承诺，保证在职期间和离职后不违反规章制度，泄露财务机密。

3. 实行技术监控制度

建立安全的网络财务系统，是网络财务管理顺利进行的根本。对财务信息的输入、输出和网络系统的维护，都要严格遵守操作章程，杜绝安全事故的发生。要利用加密技术，解决密钥分发的问题；采取防火墙技术，对外部访问实行分层认证；利用数字签名技术和访问限制技术，防止会计系统遭受非法操作或人为破坏。

4. 实行法律保障制度

要吸收和借鉴国外成功经验，探索并制定网络财务管理制度和准则，规范网上交易行为；要对违反管理规定的不法分子进行有力打击，为网络财务管理营造安全的外部环境。

（二）网络财务管理的资料保管策略

1. 严格建立造册登记制度

财会人员每月记账完毕后，应将本月所有记账凭证进行整理，检查有没有缺号、附件是否齐全；然后把每张凭证编上序号，加上封面和封底，按编号的先后顺序将凭证装订成册，贴上标签进行封存。财会人员要在装订成册的凭证封面上详细填写单位全称和会计凭证名称，同时加盖单位主要负责人和财务管理人员印章。

2. 严格建立资料查询制度

对已经存档的会计资料，本单位需要查阅，必须经过有关领导同意。查阅时做到不拆封原卷册，不将原始凭证借出。外单位未经过本单位主要领导批示，不能查阅原始凭证，不能复制原始凭证，更不得擅自将原始凭证带离现场。

3. 严格建立保管和销毁制度

会计档案的保管和销毁，必须严格按照会计档案管理规章制度执行，任何人不得随意销毁财务档案。保管期满的财务档案，如果需要销毁，必须列出清单，按照规定，经过批准后才能销毁。

4. 严格建立信息备份和系统升级制度

财务管理人员在日常工作中要严格建立信息备份制度，及时将财务信息输入 U 盘和磁盘中，便于日后查询和系统恢复需要，以免造成不必要的损失。

（三）网络财务管理的审计取证策略

网络财务审计，是传统审计的一大飞跃，要采取多种措施提升取证质量。一是要开发审计系统，要研制出能从被审计部门准确有效地获取各种数据信息的系统软件，建立信息库，录入被审部门的有关信息，便于核查取证时查阅，提高数据信息质量。二是要规范审计程序，审计人员在审计前要根据工作要求准备相关材料，避免审计时出现不必要的偏差，审计结束后要仔细整理相关材料，使审计取证工作有序化、规范化。三是要严守职业道德，审计人员要加强学习，严格约束自己的言行，公平对待每个被审计部门，实行依法审计。

（四）网络财务管理的技术人才策略

1. 加大培训力度，提高员工素质

优秀的复合型人才，是实施网络财务管理的根本保障。第一，财务人员要具备良好的专业素质，拥有丰富的文化知识和财务知识，能熟练进行网络系统的操作和维护。第二，财务人员要具备良好的心理素质，需保持积极向上的精神状态，在成绩面前保持谦虚谨慎的态度，面对挫折和失败时有较强的心理承受能力。第三，财务人员要具备良好的交际能力、应变能力、观察能力，善于与外界打交道，面对困难能冷静思考、认真分析、妥善处理。

2.完善激励机制，激发工作潜能

激励人才需要以公平合理的绩效考核为根本，根据每个人的特长和爱好科学地设置工作岗位，建立灵活的人才内部流通机制。激励既包括技能比试方面的，如网络知识答辩、计算机操作、会计业务信息化处理等，也包括物质和精神方面的，如加薪、提供住房、外出考察、授予荣誉称号、休假、参与决策等。要营造一个公平、公正、公开的竞争环境，形成你追我赶、不甘落后的良好氛围，激发财务管理人员的工作潜能和工作热情，从而更好地完成目标任务。

第三章　内部控制理论基础

第一节　内部控制的意义及目标

一、内部控制的意义

内部控制作为行政事业单位制约和监督权力的有效方式和手段，对其理论基础的分析尤为重要。

（一）建立行政事业单位内部控制制度的意义

改革开放多年来，我国的经济发展取得了举世瞩目的伟大成就，经济总量一跃超过日本、德国、英国和法国等发达国家，成为仅次于美国的第二大经济体，但是，经济的高速发展没能掩盖行政体制中存在的诸多问题，如政府职能不明确、行政管理效率低、政府权力失控、贪污腐败现象严重等。因此，我国迫切需要推进行政体制改革，强化政府的服务意识，创新政府管理体制，建设法治政府和服务型政府。行政事业单位内部控制建设实践证明，健全有效的内部控制，是各部门切实加强内部管理、提高公共资金使用效率和为人民服务水平的重要举措。而作为行政部门内部控制研究的起点，内部控制框架体系的构建显然成为亟待解决的关键问题。

内部控制基本规范和配套指引的发布，标志着我国内部控制规范体系的形成，是我国内部控制制度发展的里程碑。然而，我国行政事业单位内部控制建设过程还处于起步阶段，行政事业单位管理过程中的诸多问题亟待解决，因此，新时期建立行政事业单位内部控制制度有着十分重要的理论价值和现实意义。

1. 全面提升行政事业单位的综合管理水平

建立内控制度的核心是全面提升单位综合管理水平，一个单位内控制度的好坏反映了单位的综合管理水平，实施内控制度是对单位各项管理制度的整合。通过建立内部控制制度，建立健全预算管理、经费支出管理、工程项目管理、政府采购管理等重点业务领域的内部控制规范，有效解决了行政事业单位管理制度和标准缺失、弱化、模糊和缺乏体系化等问题，进一步明确了各部门的职责权限和按流程办事的原则，为公共服务职能和业务运行提供了有效的制度保障。同时，通过梳理与资金管控密切相关的重点领域的岗位职责和流程控制节点，规范了业务流程与职责分工，进一步强化了制衡与监督机制，明确了流程上的关键控制点，并将控制措施配置于各个业务流程之中，促使内部控制体系较好地实现了内控程序化与常态化，真正实现从"人治"向"法治"的转变。

行政事业单位在管理上一直存在一块盲区，或者说管理空白。国家大部分制度只管到单位，仅有财务制度管得比较具体，但也只涉及会计业务。这些制度落实到单位以后，单位内部如何管，业务与会计如何联结，一直没有得到很好的解决，所以行政事业单位的内部管理相对于企业比较薄弱，各部门各自为政、预算与相对应的经济事项脱节、业务与会计脱节，而内部控制恰恰解决了这个问题。

2. 制约公共权力滥用，预防腐败

行政事业单位面临着滥用职权的风险，特别是行政腐败的风险。行政事业单位是公共部门，掌握着巨大的公共权力。要加强对权力运行的制约和监督，把权力关进制度的笼子里，形成不敢腐的惩戒机制、不能腐的防范机制、不易腐的保障机制。内部控制制度是防腐制度的重要组成部分，主要是解决"不能"和"不易"的问题。内部控制的最基本原则是权力制衡，而腐败都是由权钱交易引起的，一个好的内部控制制度，可杜绝犯错误的机会。

建立内部控制制度，对于转变政府职能、提高政府的服务效率、提高政府公共形象具有重要作用。香港廉政公署的廉政反腐制度就是运用内控原理，建立对权力的制衡机制。

3. 保证公共资金分配的公平、公正

在当前的情况下，行政事业单位职能转变不到位，行政手段配置资源的领域和比重较大，公共工程建设、土地使用权立项等稀缺资源的配置权，基本掌握在相关行政事业单位手中。为了争夺稀缺资源，各种行贿弄权手段层出不穷，最终影响资源的合理配置。内部控制的核心思想就是强调集体决策，决策、执行与监督分离及不相容岗位相分离，以保证公共资金分配和使用的公平、公正。内部控制要求实行单位领导办公会和基层单位例会的集体决策机制，由例行的基层单位例会提出问题，分管领导按权限审批，重大事项提交单位领导办公会，由领导班子集体研究决定。对于规划课题、信息化建设等专业性强的重大事项，实行专家论证与技术咨询相结合的议事决策机制。内部控制要求由单位领导办公会决策，各预算单位执行，财务部门进行监督管理，对不符合预算及违反财务管控要求的决策实行一票否决，分离不相容岗位，形成了互相监督、互相制约机制。在各业务流程中，首先由领导层对审批权进行分解；其次，按照不同的职能，将流程节点的控制岗位进行分离，各岗位对业务进行归口和审批权限；最后，由各岗位之间的业务逻辑关系实现岗位的互相校验和监督，最终实现行政事业单位公共资金分配和使用的公平、公正。

4. 防止公共资金使用中的损失和浪费

行政事业单位面临着资金使用效率低的风险。行政事业单位作为社会公共部门，是公共产品的唯一供应方，这导致行政事业单位提供的公共产品没有竞争对手，因此资金的使用效率没法得到有效保证。内部控制体系针对这一问题，建立各个业务的管理制度和规范，通过信息化手段实现对业务审项的规范化和实时化控制，对人的权力运用进行了制衡。运用信息技术，将经济活动及其内部控制流程嵌入计算机系统中，实行计算机随机抽取预选供应商的方式完成内部采购程序，有效降低了人为操纵因素的影响，规范相关业务流程与审批权限，有效弥补制度缺陷和管理上的薄弱环节，同时也提高了工作效率，保障了财务信息的及时性、准确性，形成一套事前、事中、事后相结合的内部控制体系，辅以信息化体系建设，有效防止公共资金使用中的损失和浪费。

（二）行政事业单位分类

1. 行政单位

行政单位，是国家权力机关授予其管理国家事务的机关，有广义和狭义之分。广义的行政单位是指国家的立法单位、行政单位和司法单位等使用公共资金的公共部门总和，代表着社会公共权力；狭义的行政单位是指国家政权机构中的行政机关，是国家政权体系中依法享有行政权力的组织体系。

传统意义上的行政单位是狭义的，主要包括国务院、省、市和县级的各级政府下辖的相关行政机关，是政府职能的实际承担组织，如财政部、交通运输部、发改委、民政部、人力资源和社会保障部、卫生部等。但是，从我国特殊的国情出发，行政单位应该是个更加综合的宏观概念，其定义也更为广泛，不但包括各级行政机关，还应该包括各级党的机关、人大机关、政协机关、审判机关、检察机关、各民主党派机关和团的机关等各种使用公共资金的行政类机构。例如，党的最高领导机关，是党的全国代表大会和它所产生的中央委员会，党的地方各级领导机关，是党的地方各级代表大会和它们所产生的委员会，党的各级委员会向同级的代表大会负责并报告工作；党的机关主要包括中共中央、省、市、县各级党委、中共中央直属机关管理局等办事机构等；人大机关包括全国、省、市、县级人民代表大会及常设办事机构等；政协机关包括全国、省、市、县级政治协商会议及常设办事机构等；审判机关主要包括基层、中级、高级和最高人民法院，并设军事、铁路、水运等专门人民法院；检察机关包括最高人民检察院、地方各级人民检察院、军事检察院、铁路运输检察院等；各民主党派机关包括中国国民党革命委员会、中国民主同盟、中国民主建国会、中国民主促进会、中国农工民主党、中国致公党、九三学社、台湾民主自治同盟；团的机关主要包括共青团中央和地方各级团委及其办事机构。本书中的行政单位就是这种广义上的概念。

2. 事业单位

事业单位是我国特有的一种公共组织类型，事业单位是指国家以社会公益为目的，由国家机关举办或者其他组织利用国有资产举办的，从事教育、科技、文化、卫生等活动的社会服务组织。根据这个定义，我们可以得出这样的结论：事业单位是不具有社会生产职能和国家管理职能的，不以营利为主要目的的，为上层建筑和经济基础及人民生活服务的社会组织和机构，是由国家机关举办或利用国有资产举办的，民间举办的不属于事业单位，而是民间非营利组织。事业单位和政府以及政府部门的最大区别在于其不具有国家行政管理职能，尽管某些事业单位从事的活动涉及国家行政管理职能，但也只是在特定情况下接受国家的委托。

我国对事业单位体制进行改革，逐步将行政类事业单位划入行政单位，将经营性事业单位改制为企业。考虑到我国社会团体编制类型和其他附属营业单位的情况，本书认为行政事业单位内部控制主体范围应包括广义上的行政单位、公益性事业单位、社会团体及其他附属营业单位。

（三）行政事业单位内部控制的概念

1.行政事业单位内部控制的定义

行政事业单位内部控制，是指单位为实现控制目标，通过制定制度、实施措施和执行程序来对其经济活动中可能存在的风险进行防范和管控。从企业和行政事业单位内部控制的发展进程来看，两者是相辅相成、相互影响、共同促进的。将内部控制的基本原理运用于行政事业单位，就形成了行政事业单位的内部控制，如制衡原理、流程化、风险管理等。但我国行政事业单位的内部控制体系受我国政治体制的影响，它具有鲜明的中国特色。

从静态上讲，行政事业单位内部控制是指行政事业单位为履行职能、实现总体目标而建立的保障系统，该系统由内部控制环境、风险评估、控制活动、信息与沟通及监督等要素组成，并体现为与行政、管理、财务和会计系统融为一体的组织管理结构、政策、程序和措施；从动态上说，行政事业单位内部控制是行政事业单位为履行职能、实现总体目标而应对风险的自我约束和规范的过程。

值得注意的是，行政事业单位内部控制和政府内部控制是两个不同的概念。政府内部控制是为保证政府（机构或组织）有效履行公共受托责任，杜绝舞弊、浪费、滥用职权、管理不当等行为而建立的控制体系。行政事业单位内部控制的主体是行政事业单位及其所属部门（单位），政府内部控制的主体是政府总体。因此，政府内部控制是更高层次的内部控制，其以满足公共利益为目标，以追求社会效率和公平之间的平衡为价值取向，而且能产生影响宏观经济效果和政府公众信誉的社会效应，在政府管理中发挥制约、规范公共行为的作用。政府内部控制在目标、属性和作用方面更加宏观，从这个角度来说，行政事业单位内部控制从属于政府内部控制。一般来说，政府内部控制往往立足于宏观的政府部门，以各级政府作为一个整体进行研究。由于各级政府包括诸多政府职能部门，每个职能部门业务属性和机构设置都不一致，政府部门内部控制很可能由于普遍适用性差而缺乏针对性和可操作性，只能从总体上对内部控制提出原则性指导。行政事业单位内部控制与政府内部控制相比，更加关注政府系统中各个部门和下属单位本身，将内部控制建设任务分解到承担政府职能的具体行政事业单位，它涵盖了各种类型和业务的行政单位和事业单位。单位领导应该制定适合本单位的内部控制制度和实施细则，强调控制活动的适用性、针对性和可行性。为了更好地理解行政事业单位内部控制的内涵和外延，这里对其适用范围进行界定，并作为概念体系的重要补充。

行政事业单位内部控制的主体与客体界定作为概念研究的重点，直接决定了行政事业单位内部控制的效果和效率。行政事业单位内部控制的主体应界定为负责执行政府各职能的行政事业单位本身。例如，各级财政部门作为一个独立的行政单位为了维持单位日常运营，必然会发生各种经费支出，因此它所控制的是本部门的经济活动，而不是一级政府的经济活动。

行政事业单位内部控制的客体，即内部控制的控制范围。关于行政事业单位内部控制的范围有两种观点：一是将行政事业单位内部控制的范围界定为单位的全部活动；二是界定为单位的经济活动，但考虑到内部控制的局限性和现实的环境，并非对行政事业单位全面活动的风险进行防范和管控，只限于经济活动，即资金活动。如行政审批权的控制不在其中，其特点是"以预算为主线，以资金管控为核心"的内部控制体系，包括预算、采购、收支、工程、资产与合同六大业务活动。

本书将行政事业单位内部控制客体的重点控制领域放在资金上，并将资金定义为公共资金、国有资源、国有资产。对行政事业单位进行内部控制的外部监督部门也是按照这样的控制对象进行监管，例如相关审计和纪检部门。经济活动是指行政事业单位根据财政收支预算对本单位的日常业务进行的财务收支管理。

2. 行政事业单位内部控制的特点

由于行政事业单位的工作与企业的经济活动存在很大差异，因此，行政事业单位内部控制与企业内部控制相比，具有明显的特点，存在重大差异，行政事业单位内部控制与企业内部控制的区别主要体现在以下几个方面：

第一，内部控制内容。

企业内部控制内容主要可归纳为五个要素，即内部环境、风险评估、控制措施、信息与沟通以及监督。行政事业单位内部控制的要素虽然也包括这五个方面的内容，但具体内容差异比较大，如内部环境中，行政事业单位就没有公司治理方面的内容。

第二，风险类型。

行政事业单位与企业的内部控制虽然都是对风险的控制，都要对风险进行评估及控制，但风险的性质和类型却各不相同。企业的风险分为五大类，包括战略类风险、市场类风险、财务类风险、运营类风险和法律类风险，而每类风险包括的内容与行政事业单位相差甚远。企业主要关注的是经营风险，如产品卖不出去的风险、钱收不回来的风险、投资失误的风险、资金链断裂的风险等。行政事业单位的风险一般包括滥用职权的风险、资金使用效率低的风险、资源配置不合理的风险和道德寻租风险等。行政事业单位主要关注的是政治风险，如防腐败、保护干部等，这些风险控制不好会影响单位负责人的政治生命，也会影响单位的政治形象。

第三，控制目标。

企业内部控制是五大目标，即合理保证企业经济管理合法合规、资产安全、财务报告及相关信息真实完整、提高经营效率和效果、促进企业实现发展战略。行政事业单位内部控制虽然也是五大目标，即合理保证单位经济活动合法合规、单位资产安全和使用有效、单位财务信息真实完整、有效防范舞弊和预防腐败、提高公共服务的效率和效果，但行政事业单位内部控制目标的特点主要体现在"有效防范舞弊和预防腐败、提高公共服务的效率和效果"上，没有放在实现发展战略上。

第四，监督机制。

依据制度经济学理论，企业建立内部控制有追求利益的动机。利益追求是企业建立内部控制的内在动力，由于企业与企业利益相关者之间具有直接的经济关系，其内部控制实施动力主要来源于其股东、债权人等方面。出于对股东和债权人提出的管理目标和自身报酬的考虑，管理层也有动力实施内部控制，以降低企业的经营风险，提高盈利能力。因此，内部监督机制比较健全，如董事会、监事会、股东大会、内部审计。

从公共管理理论角度出发，社会公众理应成为行政事业单位内部控制的推动者，但社会公众普遍无法直接对单位支出情况进行监督和制约。这是由行政事业单位属性及公共资金的特点，即单位与所支配的资金和资产没有直接的权属关系决定的。单位领导不愿意放弃"既得利益"或"相关特权"，因此缺乏内部控制设计和实施的主观能动性，也没有积极性去向利益相关者进行信息列报，因此要求行政事业单位建立内部控制，履行受托责任。行政事业单位内部控制实施目标与企业有明显的区别，且内生动力天然不足使行政事业单位缺少内部监督的动力，如都希望经费越多越好，都不想受到控制，而企业实施内部控制可以提高其管理水平和形象，会增加股东的效益，因此，董事会可以监督经营者，大家都自觉地去控制，实现各自的目标；行政事业单位内部监督比较薄弱，因此，主要靠外部监督。

总之，行政事业单位内部控制实施需要协调外部实施组织之间的关系，相关部门齐抓共管，在领导及全体人员的共同参与下，真正提升行政事业单位内部管理水平，切实加强廉政风险防控机制建设。

二、内部控制的目标

行政事业单位内部控制的目标主要包括：合理保证单位经济活动合法合规、单位资产安全和使用有效、财务信息真实完整，有效防范舞弊和预防腐败，提高公共服务的效率和效果。

（一）合理保证单位经济活动合法合规

行政事业单位经济活动必须在法律法规允许的范围内进行，严禁违法违规行为的发生，这是行政事业单位内部控制最基本的目标，是其他四个目标存在的前提和基础。行政事业单位内部控制首先要保证单位经济活动合法合规。适用的法律法规确定了其最低的行为准则，行政事业单位须将合法合规目标纳入内部控制目标之中。例如，行政事业单位必须根据预算管理制度如期完成预决算工作，公开预算信息；遵从相关财经法规，提供真实的财务信息等。因此，行政事业单位需要制定政策和程序来处理相关法律法规要求的事项。行政事业单位经济活动的合法合规，会对其社会形象产生巨大影响，对提高行政事业单位的执政能力和社会公信力具有重要意义。

（二）合理保证单位资产安全和使用有效

该目标强调了保证行政事业单位资产的安全和有效利用，以保证资产的使用效率。行政事业单位资产管理一直是单位内部管理中的重点和难点问题，由于收付实现制造成资产的价值与实物脱离，如何解决单位在建工程项目及时转为固定资产，保证固定资产账实相符，成为行政事业单位内部管理的重要方面。所以说如果要加强单位资产管理，保障资产的安全和完整，就必须从资产采购预算、资产配置标准、资产采购计划、资产采购实施、资产验收入账、资产使用和盘点以及最后的资产处置等各个环节入手，加强资产控制的过程管理。因此，强调保证资产的安全和使用效率，就是要加强行政事业单位以预算为中心的资产管理。

（三）合理保证单位财务信息真实完整

该目标与会计报告和相关信息的可靠性有关，它强调了行政事业单位要提供真实可靠的会计报告和相关信息。会计报告和相关信息反映了行政事业单位的运行管理情况和预算的执行情况，是行政事业单位财务信息的主要载体，同时，会计报告及相关信息作为社会公共产品，完整地反映了行政事业单位完成公共服务职能和履行社会责任的情况。另外，由于行政事业单位的特殊性和利益相关者的高度分散性，更加突出了行政事业单位会计报告和相关信息的重要性。因此，行政事业单位必须合理保证会计报告和相关信息的真实完整，客观地反映部门的运行管理情况和预算的执行情况，为领导层的决策提供可靠依据，也为其解除受托责任提供依据。行政事业单位编制的报告既是管理的一种要求，也是一种有效的监督机制，有利于行政事业单位履行职责，完成工作任务。另外，预算执行报告是行政事业单位的重要报告之一，具有法定效力，这是行政事业单位和企业在报告上的很大不同。

（四）提高公共服务的效率和效果

行政事业单位与企业的根本区别就是设立和运营的目的不同。行政事业单位主要是行使行政职能和为社会提供公益服务。因此，行政事业单位内部控制目标就是要提高单位公共服务的效率和效果，完成行政事业单位的公共服务职能。在这个过程中，行政事业单位要平等地对待服务对象以及其他相关利益主体，将社会资源合理高效地分配给各利益主体。同时，为了保障单位公共服务职能的发挥，单位要对各公共服务业务所需资金和单位内部正常工作开展所需经费进行预算管理，只有将本单位的预算按照自身职能投向公平、公正地批复给内部各单位(部门)，才能有效地实现财权与事权的匹配，发挥预算的引导和监督作用，才能将有限的公共资源投向正当合理的方向，才能作为行政事业单位提供公共服务的财力保障，从而发挥行政事业单位的公共服务职能。

　　总而言之，行政事业单位内部控制以有效防范舞弊和预防腐败目标替代了发展战略，将预防腐败和廉政建设提升到新的高度。行政事业单位内部控制更加关注公共服务的效率和效果，这是由于作为公共部门，行政事业单位属于非营利社会组织，其成立的目的和职能就是为社会公众提供服务，其业务活动主要以实现社会效益为目的，而不是经营效益最大化。行政事业单位要通过公共服务效率的高低来评价其业务活动的绩效。行政事业单位内部控制其他三个目标虽然在形式和内容上与企业内部控制大致相同，但是也针对行政事业单位的特殊属性赋予了一定的新内容，要求单位重点关注经济活动的合法合规，在保证资产安全的基础上强调使用效率，如实完整地报告单位的财务信息，客观地反映预算执行情况，为单位领导决策提供可靠依据。

第二节　内部控制的内容及原则

一、内部控制的内容

　　我国行政事业单位无论从单位属性还是资金来源等方面都与企业有很大差异，因此区别于以往内部控制五要素的分类方式。

　　（一）单位层面内部控制

　　单位层面内部控制是内部控制的保障机制和协同机制。通过单位层面内部控制的组织架构设计和管控模式设计，单位可以将自身的内部管控事项根据管理职能固化到具体的业务流程中，并对应到具体的工作岗位上。单位可以通过设置管理组织和明确岗位责任，对重点业务的薄弱环节进行补充完善；根据各项经济活动运行现状进行单位风险评估，通过科学的集分权管理和权责对等的归口管理，根据三权分立的原则对风险点加强制衡和审核。

　　单位层面内部控制一般包括组织框架和管控模式。在组织框架中，根据权力制衡原则，将不相容职能和岗位进行分离，区分行政组织和管理组织。其中行政组织是指一个目标组织行政编制方案中的组织结构组成，包括各个部门和部门之间的隶属关系；管理组织则是指根据某一业务领域的管理需要，进行的专业业务领域内的用于对专业业务进行管理的组织，如预算管理组织、采购岗、项目管理组等。同时，要明确职能分工，划分各个部门的制衡权限，规定各自的权力和责任边界，明确岗位责任，建立授权审批制度，特别要注意执行与监督的分离。对于管控模式，需要根据单位的具体情况，明确事项是否需要集中管理、本级与下属单位职责如何划分等问题，根据配比原则试行归口管理，同时保证决策、执行、监督三权分立。

单位要建立内部控制组织，如内部控制领导小组和内部控制办公室，应由"一把手"挂帅，担任领导小组组长；单独设置内部控制职能部门或者确定内部控制牵头部门，负责协调内部控制工作；在决策中，采用集体研究、专家论证和技术咨询相结合的议事决策机制，重大经济事项一定要通过集体决策，以保证决策的制衡性和科学性。同时，在单位内部控制体系运行过程中需要建立风险管理的"三道"防护，即业务部门、内部控制职能部门或者牵头部门、内部审计及纪检监察部门分别发挥不同的作用，要更加注重业务部门参与内部控制，实现对经济活动的一体、全过程控制。

（二）业务层面内部控制

业务层面内部控制是指单位在经济活动中，在对各种业务进行风险评估后，根据风险评估结果所采取的风险控制措施。行政事业单位业务层面内部控制主要包括预算业务控制、收支业务控制、政府采购业务控制、资产控制、建设项目控制、合同控制这六项控制内容。

预算业务控制主要包括建立预算业务内部管理制度、合理设置预算业务岗位、对预算编制的控制、对预算审核的控制、对预算批复的控制、对预算执行的控制、加强单位决算管理和加强预算绩效管理。其不同于预算控制，预算控制是一种控制方法，这一方法可用于收支、采购等业务中，从而有效控制单位经济风险。

收支业务控制主要是对单位收支管理制度、收入归口管理、非税收入管理、票据管理、支出审批、支出审核、支付控制、会计核算、债务控制等环节按照内部控制要求加以规范。

政府采购业务控制主要是对单位政府采购业务内部控制制度建立、采购业务岗位设置、采购预算与采购计划、采购活动管理、采购项目验收、采购业务记录以及采购项目的安全保密控制等环节按照内部的控制要求加以规范。

资产控制是对行政事业单位资产管理制度、资产管理岗位设置、银行账户管理、货币资金核查、对实物资产和无形资产管理、对外投资等环节按照内部控制要求加以规范。

建设项目控制主要是对行政事业单位建立建设项目内部控制制度、建设项目业务岗位设置、建设项目议事决策机制、审核机制、招标机制、资金控制、档案控制、项目变更以及竣工决算这九个方面按照内部控制要求加以规范。

合同控制主要是对单位合同内部管理制度、合同订立、合同履行、合同价款结算、合同登记、合同纠纷等环节按照内部控制要求加以规范。

（三）评价和监督

内部控制的评价和监督主要内容包括建立内部监督制度、对内部控制的内部监督、对内部控制的自我评价和对内部控制的外部监督。

行政事业单位内部控制评价是对内部控制的有效性发表意见。因此，内部控制评价的对象即内部控制的有效性。由于受内部控制固有限制（如评价人员的职业判断、成本效益原则等）的影响，内部控制评价只能为内部控制目标的实现提供合理保证，而不能提供绝对保证。内部控制评价的有效性包括单位层面及业务层面内部控制设计和执行的有效性，还包括对内部控制缺陷的评价。

单位应当建立健全内部监督制度，明确各相关部门或岗位在内部监督中的职责权限，规定内部监督的程序和要求，对内部控制建立与实施情况进行内部监督检查和自我评价。内部监督应当与内部控制的建立和实施保持相对独立。

内部监督是单位对内部控制建立与实施情况进行监督检查，评价内部控制的有效性，形成书面报告并做出相应处理的过程。内部监督是内部控制得以有效实施的保障，具有十分重要的作用。建立与实施内部控制的整个过程都离不开内部监督，内部监督帮助领导层预防、发现和整改内部控制设计和运行中存在的问题和薄弱环节，以便及时加以改进，确保内部控制系统能够有效运行。行政事业单位应当建立有效的内部监督制度，提高内部控制的效率和效果，实现内部控制的目标。内部监督的目标是检查并评价内部控制的合法性、充分性、有效性及适宜性，而内部控制的合法性、充分性、有效性及适宜性具体表现为其能够保障资产、资金的安全，即保障资产、资金的存在、完整和金额正确。内部监督既是单位内部控制机制的重要组成部分，又是监督与评价内部控制的有效手段。相对于单位外部监督而言，内部监督除了通过间接地执行监督业务来促进内控体系建设，还能通过对内部控制的监督促进内部控制的完善，比外部监督更具有基础性和根本性。

针对行政事业单位内部控制的外部监督，国务院财政部门及其派出机构和县级以上地方各级人民政府财政部门应当对单位内部控制的建立和实施情况进行监督检查，有针对性地提出检查意见和建议，并督促单位进行整改。国务院审计机关及其派出机构和县级以上地方各级人民政府审计机关对单位进行审计时，应当调查了解单位内部控制建立和实施的有效性，揭示相关内部控制的缺陷，有针对性地提出审计处理意见和建议，并督促单位进行整改。

二、行政事业单位内部控制的原则

在行政事业单位内部控制建设和实施过程中，应当遵循下列原则：全面性原则、重要性原则、制衡性原则和适应性原则。

（一）全面性原则

内部控制应当贯穿决策、执行和监督的全过程，覆盖行政事业单位及其所属单位的各种业务和事项。所谓全面性，主要体现在三个方面：一是全过程控制，单位内部控制应当贯穿决策、执行和监督的全过程；二是全方位控制，单位内部控制应当覆盖单位及其所属单位的各种业务和事项；三是全员控制，内部控制的关键是对人的控制，是对单位全体干部进行控制，单位领导班子及基层干部都受到相应的控制。

（二）重要性原则

重要性原则要求内部控制在兼顾全面的基础上，格外关注重要业务流程和高风险领域。这一原则强调行政事业单位建设与实施内部控制制度应当突出重点，着力防范可能产生的重大风险，也就是说要突出重点，监控一般，重视重要的交易事项和风险领域，对业务处理过程中的关键控制点以及关键岗位加以特别的防范。所谓关键控制点，是指业务处理过程中容易出现漏洞且一旦存在差错会给单位带来巨大损失的高风险领域；所谓关键岗位，是指单位内容易实施舞弊的职位。对于关键控制点和关键岗位，单位应花费更大的成本，采取更严格的控制措施，把内部控制风险降到最低。

（三）制衡性原则

制衡性原则要求内部控制在行政事业单位机构设置及权责分配、业务流程等方面相互制约、相互监督，同时兼顾运营效率。相互制衡是建立和实施内部控制的核心理念，更多地体现为不相容机构、岗位或人员的相互分离和制约。无论是在单位决策、执行环节，还是在监督环节，如果做不到不相容岗位相互分离和制约，将会导致滥用职权或串通舞弊，从而导致内部控制的失败，给单位经营发展带来重大隐患。因此，应对不相容岗位进行分离与制衡，可行性研究和决策要分开，执行和决策要分开，早期的制衡性分离就是管钱不能管账，如果职能重合则是不科学的，内部控制是对事不对人，是通过制度来实现的。

（四）适应性原则

内部控制应当与行政事业单位财政资金属性、业务范围、管理流程和行政风险水平相适应，并随着情况的变化及时调整，具体体现在：一是内部控制应当与单位组织层级和业务层级相匹配；二是内部控制应当随着情况的变化及时调整。内部控制是一个不断变化的动态过程，内部控制应当随着国家法律法规、政策、制度等外部环境的改变，以及单位业务流程的调整、管理要求的提高等内部环境的变化，不断、及时地进行修订和完善。内部控制与环境之间是一个不断进行控制与反控制的较量与磨合，要做到"魔高一尺，道高一丈"。

第三节　风险评估与控制方法

一、风险评估

（一）目标设定

目标设定是行政事业单位风险评估的前提。目标设定是指单位采取恰当的程序去设定控制对象的控制目标，确认所选定的目标支持并切合单位的职责使命。行政事业单位只有根据风险承受度设定目标，才能全面、持续地搜集相关信息，最后结合实际情况，及时进行风险评估。

（二）风险识别

风险识别是指根据单位的目标设立可辨认、分析和管理相关风险的机制，以了解单位面临的来自内部和外部的各种不同的风险。行政事业单位的风险识别主要包括单位层面和经济活动业务层面变化带来的风险。行政事业单位应当做到能够对单位所面临的风险进行识别，确定风险控制点和重点防范领域，从而对单位所能遇到的各类风险进行持续有效的识别和评估。

（三）风险分析

风险分析是指在风险识别后，结合各单位的特定条件（如单位性质、战略目标等），运用定量和定性方法进一步对风险进行分析与评估。行政事业单位的风险分析包括风险可能性和影响程度分析。风险可能性可分为较小可能和较大可能两级；影响程度可分为较小影响和较大影响两级。单位通过评估、分析风险的可能性、影响的效果以及成本效益，从而进一步采取有效的风险应对策略。

（四）风险应对

风险应对是指单位根据风险分析的结果，结合风险承受度，权衡风险与收益，确定风险应对策略。单位应当综合运用风险规避、风险降低、风险分担和风险承受等风险应对策略，实现对风险的有效控制。风险规避是指单位对超出风险承受度的风险，通过放弃或者停止与该风险相关的业务活动来避免和减轻损失的策略，如拒绝与不守信用的厂商发生业务往来，对突发的、高风险、损失巨大而又难以回避的事项，有意识地采取避险措施等。风险降低是指单位在权衡成本效益之后，准备采取适当的控制措施来降低风险或者减轻损失，将风险控制在风险承受度之内的策略。风险分担也可称为风险转移，是指单位借助其他机构，采取业务分包、购买保险等方式和适当的控制措施，将风险控制在风险承受度之内，或将风险损失转嫁给他人承担，以避免给单位带来灾难性损失的策略。风险承受是指单位对风险承受度之内的风险，在权衡成本效益之后，不准备采取控制措施来降低风险或者减轻损失的策略，例如单位有足够的财力和能力承受风险损失，采取风险自担和风险自保，自行消化风险损失。

为有效实施风险评估控制，行政审批单位应由专门的组织及相关专业人员组成风险评估小组，按一定程序组织对经济活动的各类风险进行风险分析，实施风险评估和应对工作。同时，也要严格按照规范的程序开展工作，确保风险分析及评估结果的准确性。行政事业单位经济活动的风险评估至少每年进行一次，定期或不定期进行。行政事业单位应根据单位内外部环境的变化以及外部环境、经济活动或管理要求等发生的重大变化，及时修正风险评估机制，确保新的风险能够得到及时有效的控制。风险评估程序完成后，风险评估小组在充分分析的基础上，对风险评估结果进行汇总整理，形成书面的风险评估报告，并及时提交给单位领导班子。针对风险评估中发现的风险及重大缺陷，单位领导应结合实际，及时协调解决和提出改进建议，并对整体风险评估情况进行通报。

风险评估决定了内部控制的方向，要求行政事业单位对管理过程中内部或外部的各种因素导致的风险进行识别和评估，因为这些风险会不同程度地影响单位内部控制目标的实现。因此，必须时刻关注单位各层次和各环节的风险，并对各种风险进行评估，制定切实有效的风险控制措施。

二、控制方法

（一）不相容岗位分离

某些岗位如果仅仅由一个部门或人员担任，这些岗位发生错误、舞弊甚至腐败的可能性会增大，同时又易于通过岗位职能与分工重合的便利，采取各种手段掩盖其错误、舞弊和腐败。因此，这些岗位就被称为不相容岗位。不相容岗位相互分离就是通过分离这些不相容的岗位来达到内部控制的目标。不相容岗位相互分离作为一种内部控制体系中最基本的控制手段，集中体现了相互制衡的基本原则，要求行政事业单位全面系统地分析、梳理单位组织层级和业务活动中所涉及的不相容职务，科学划分机构职能与岗位分工，合理设置内部控制关键岗位，明确不同部门或岗位的职责权限，实施相应的分离措施，从而形成相互监督、相互制约的工作机制。

不相容岗位相分离对于行政事业单位遏制舞弊行为发挥了重要的作用。首先，不相容岗位相分离可以从源头上防止和遏制舞弊行为，有效预防、及时发现舞弊行为的发生；其次，不相容岗位相分离不仅可以进行事前预防，更能在事中起到相互监督、相互牵制的作用，在舞弊发生时可予以纠正；最后，不相容岗位定期轮岗，可以杜绝舞弊，是保证岗位新鲜血液的必要措施。

（二）内部授权审批控制

内部授权审批控制，即行政事业单位根据常规授权和特别授权的规定，明确单位内部各部门、下属单位、各岗位日常管理和业务办理的授予权限范围、审批程序和相应责任建立授权审批控制时，要遵循权责一致的原则，确保行使的权力和承担的责任相一致。内部授权审批控制是行政事业单位非常重要的控制活动，直接关系着财政资金的使用效率和效果，对控制目标的实现产生直接影响。另外，建立"三重一大"（重大问题决策、重要干部任免、重大项目投资决策和大额资金使用）事项决策审批机制和会签制度。行政事业单位应当在各级单位实行集体决策审批制度，建立科学完善的集体决策机制，任何人不得单独进行决策或者擅自改变集体决策意见。完善的内部授权审批制度有助于明确权力和责任，层层落实责任，层层把关，帮助单位最大限度地规避风险。内部授权审批控制要遵循一定的原则。授权控制主要有以下四个原则：授权的依据——依事而不是依人；授权的界限——不可越权授权；授权的"度"——适度授权；授权的保障——监督。审批控制主要遵循以下两个原则：审批要有界限——不可越权审批；审批要有原则——不得随意审批。

（三）归口控制

归口控制是指行政事业单位按照管控事项的性质与管理要求，结合单位组织机构和岗位设置，在不相容岗位相分离和内部授权审批控制的原则下，明确单位各个业务的归口控制。责任单位的控制方式——归口控制，包括归口管理与归口审核两种方式。归口控制是一种职能型的集中管理方式，体现了集中性、规范性和专业性。集中性体现在归口控制按照行政事业单位各个业务的属性，结合不同事项的性质，将同类的业务或事项由一个部门或岗位进行管理，也将授权审批和内部管理集中起来，便于单位业务集中开展。规范性体现在归口控制将同类业务或支出事项用同一种或相似管控方式进行控制，可以设计规范而细致的管理制度和实施细则，实现控制流程化。专业性体现在归口控制由一个部门或岗位负责同类业务或支出事项，必须熟悉和掌握同类业务的属性和特点，具备一定的专业性基础，以提高管理效率。

（四）预算控制

预算控制是行政事业单位根据单位的职责、任务和业务发展计划编制的年度财务收支计划，它是行政事业单位财务工作的基本依据。行政事业单位应当建立"以预算管理为主线，以资金管控为核心"的预算管理体系。预算管理体系的控制活动主要是预算控制，预算控制是行政事业单位最重要的控制活动。预算是行政事业单位工作的起点和依据，是建立和实施内部控制的核心环节，行政事业单位所有业务最终都要通过预算管理衔接起来，从而实现预算管理的全过程控制，预算控制要求单位加强预算的编制、内部批复、执行、决算和评价这四个环节的管理，强化对经济活动的预算约束，实现对经济活动风险的控制。预算编制是预算管理的起点，预算批复是预算管理的核心环节，是将外部财政指标细化分解批复到内部预算指标的过程，预算执行要履行预算批复时所设定的相关规则，完成资金支付，决算和评价是根据资金支付记录结果进行绩效评价。

（五）资产保护控制

资产保护控制是指行政事业单位在资产的购置、配置、使用和处置过程中对资产进行保护，以确保资产安全和使用高效。资产保护控制作为实现行政事业单位内部控制目标的重要手段，要求单位建立资产日常管理制度和定期清查制度，采取资产购置、资产登记、实物保管、定期盘点、账实核对、处置报批等措施，确保资产安全完整。行政事业单位应该根据相关法律法规和本单位实际情况对资产类型进行区分，建立资产控制制度和岗位责任制，强化检查和绩效考评，加强对资产安全和有效使用的控制。

（六）会计控制

会计控制是指利用记账、核对、岗位职责落实和职责分离、档案管理、工作交接程序等会计控制方法，确保单位会计信息真实、准确、完整。会计控制为行政事业单位各项财务管理工作提供了基本保障，是完善行政事业单位内部控制体系的重要方法，会计控制要求单位严格执行各项会计制度，加强会计基础工作，明确会计凭证、会计账簿和会计报告的处理程序，保证会计资料真实完整。会计控制直接关系着会计报告及相关信息的真实完整，是行政事业单位重要的控制活动，会计控制对于提高行政事业单位的会计信息质量、保护资产的安全完整、确保法律法规和规章制度的贯彻执行具有重要的意义，但是会计控制也有其自身的局限性，主要体现在：①受到成本效益原则的限制；②对例外业务会失去作用；③容易受到单位内部会计控制执行人员专业素质的影响；④受个别领导职权的影响。

（七）单据控制

单据控制是指对来自单位外部的报销凭证和单位内部表单实施控制。单据控制从种类上看可以分为单据控制和票据控制。单据控制要求单位按照国家相关规定，并结合内部管理需要和自身实际情况，能够全面真实反映各项经济活动内容及其流转过程的表单与票据，做到合法合规、信息完整、填制规范。具体来说，就是既要对来自外部的反映本单位各项经济活动内容的多种票据进行核对和登记，证实票据的真实性与合法性，并按照一定的规则将票据登记入账，还要在单位内部对票据流转过程中所需要的表单进行审核，以保证表单客观合理地反映票据及其业务处理的真实性。单据控制实际上就是把支出事项的外部票据控制与支出事项的内部单据控制相结合，建立对单据的总体控制体系。

（八）信息公开控制

信息公开控制是指行政事业单位在履行职责过程中将制作或者获取的以一定形式记录、保存的信息进行公开，让相关部门和公众知情的控制方法。行政事业单位的信息包括会计信息、预算信息还有政务信息等，如预算的执行情况、"三公经费"的支出情况等。"阳光是最好的防腐剂"，公开透明是监督的最好方式，因此，信息公开也是内部控制的一种有效方法。

单位应当建立健全会计信息、预算信息和政务信息发布协调机制。单位发布政务信息涉及其他单位的，应当与有关单位进行沟通、确认，保证单位发布的政务信息准确，单位发布政务信息依照国家有关规定需要批准的，未经批准不得发布单位公开政务信息，不得危及国家安全、公共安全、经济安全和社会稳定。

（九）信息技术控制

随着信息技术在内部控制方面的广泛应用，行政事业单位内部控制的信息化也成为一种必然趋势。信息技术控制是IT技术在内部控制中的应用，是对内部控制方法的扩展和范围的延伸。它是一个由信息、IT资源和过程所构成的动态控制系统，用于为内控目标的实现提供合理保证，通过平衡信息技术与过程的风险来确保组织目标的实现。

在单位内部控制的实施过程中，是否采用计算机信息系统直接影响到内部控制的实施效果，关系到内部控制制度能否真正落地。将内部控制固化在信息系统中，可以消除人为因素，可以使内部控制程序化、常态化。它要求单位通过指定专门机构或岗位对信息系统建设实施归口管理，规范信息系统开发、运行和维护流程，建立用户管理制度、系统数据定期备份制度、信息系统安全保密和泄密责任追究制度等措施，将单位各项经济活动及其内部控制流程嵌入单位信息网络系统中，减少或消除人为的操纵因素，保护信息安全。

第四章　风险管理

第一节　风险的理论基础

一、风险

（一）风险的概念与本质

风险是一个非常宽泛、常用的词汇，对于风险的定义，无论是业界还是理论界、国内还是国外，目前还没有达成一致的认识，并没有一个统一的界定，可以说这是一个"没有共识的共识"。

在现代经济活动和日常生活中，"风险"一词的使用频率非常高，但要具体说出什么是风险，多数情况下我们会感到困难。就连《辞海》中也是仅有风险管理的条目，而没有风险条目。

尽管普遍认为风险没有统一的定义，但任何类型管理都必须首先明确管理的对象，风险管理也是如此，加之风险是金融甚至所有经济活动的基本要素，明确风险的概念成为风险理论中需要探讨的首要问题。

风险是一种不可避免的客观存在，并在一定条件下还带有某些规律性。因此，只能试图将风险降到最低的程度，而不可能完全避免或消除。降低风险最有效的方法就是要意识到并认可风险的存在，积极地去面对、去寻找，才能够有效地控制风险，将风险降到最低程度。

国内外与风险相关的教科书，如金融学、投资学、银行管理、保险、审计等，大多在承认风险缺乏统一定义之后提出了各自的风险定义版本。

"风险"一词的由来，最为普遍的一种说法是，在远古时期，以打鱼捕捞为生的渔民们每次出海前都要祈祷，祈求神灵保佑自己能够平安归来，其中主要的祈祷内容就是让神灵保佑自己在出海时能够风平浪静，满载而归。他们在长期的捕捞实践中，深切地体会到了"风"给他们带来的无法预测、无法确定的危险。他们认识到，在出海捕捞打鱼的生活中，"风"即意味着"险"，因此有了"风险"一词的由来。

而另一种据说经过多位学者论证的"风险"一词的"源出说"称，风险（Risk）一词是舶来品，有人认为来自阿拉伯语，有人认为来源于西班牙语或拉丁语，但比较权威的说法是来源于意大利语的"risque"一词，在早期的运用中，也是被理解为客观的危险，体现为自然现象或者航海遇到礁石、风暴等事件。大约到了19世纪，在英文的使用中，风险一词常常用法文拼写，主要是用于与保险有关的事情上。

现代意义上的"风险"一词，已经大大超越了"遇到危险"的狭义含义，而是"遇到破坏或损失的机会或危险"。可以说，经过两百多年的演绎，"风险"一词越来越被概念化，并随着人类活动的复杂性和深刻性而逐步深化，并被赋予了哲学、经济学、社会学、统计学甚至文化艺术等领域的更广泛、更深层次含义，且与人类的决策和行为后果之间的联系越来越紧密，"风险"一词也成为人们生活中出现频率很高的词汇。

无论如何定义"风险"一词的由来，其基本的核心含义始终是"未来结果的不确定性或损失"，也有人进一步定义为"个人和群体在未来遇到伤害的可能性以及对这种可能性的判断与认知"。如果采取适当的措施使破坏或损失的概率不会出现，或者说智慧的认知，理性的判断，继而采取及时而有效的防范措施，那么风险也可能带来机会，由此进一步延伸，不仅仅是规避了风险，可能还会带来比例不等的收益，有时风险越大，回报越高，机会越大。

因此，如何判断风险、选择风险、规避风险继而运用风险，在风险中寻求机会创造收益，其意义更加深远而重大。

（二）风险的特征

1. 风险是客观存在与主观认知的结合体

在正常情况下，客观可能性与主观判断的可能性应该是平衡的，并且相互推动。客观可能性的存在引发了主观认知，而认知的深入有利于认识更深层次和更大范围的风险，并寻找更有效的应对风险的方法。但也存在认知脱离客观存在的时候，风险被夸大了，引起了不必要的恐慌，并误导了风险的解决。

2. 风险具有双重来源

引发风险的因素既来自自然界，也来自人类本身，而且后者已经成为风险的根本性来源，这有两层含义：一是人类发明的技术、制度安排以及做出的各种决定、采取的各种行动都可能带有风险，尽管其中大部分的目的是要预防、减少甚至控制风险；二是人类的行为加重了自然界本身具有的风险。一方面表现为人类为了改善生产、生活而破坏了自然环境和自然规律，从而引发了包括"温室效应"、沙尘暴、赤潮、转基因食品等问题；另一方面是物品和人的流动造成了自然灾害的转移和扩散。典型的例子是一些动植物的跨国移动对接受国生物圈造成的破坏。

3. 风险是积极结果与消极后果的结合体

风险既可以被理解为机会、机遇，也可以被理解为危险和不确定性。如果应对得当，风险可以减小、避免，甚至能转化为成功的机会，并且从不同的角度出发也会看到风险的积极和消极的不同侧面。

4. 风险具有可计算性和不可计算性

风险的可计算性体现为人类已经发展了一系列计算方法和测量工具来估算风险造成的损害及其相应的补偿。可计算性说明了风险是一个现代概念。但可计算性是相对的，只是体现了人类控制和减少风险的企图，经济补偿无法完全抵消风险带来的伤害，且不能从根本上消除风险并阻止风险的发展，因此必须承认风险的不可计算性，不可计算性揭示了风险发生后的不可逆性。随着风险规模和影响的扩大，其不可计算性更加突出，而承认风险的不可计算性有利于人类反思其所处的现代性境况。

5. 风险具有时间和空间维度

毫无疑问，风险是一个将来时态的词，是未来指向的。如果这种可能性已经实现，风险就成为现实的破坏或伤害。风险在空间上是不断扩展的。其空间维度的增强取决于两个因素：一是产生风险的客观存在本身在空间中扩展了，比如某种技术被广泛应用、某种本土性制度扩展到全球范围；二是风险认知在空间中传播。一种理念或观点的传播，使不同阶层、地域中的人群对风险达成了共识。作为社会建构物的风险跨越了地理空间以及社会空间的限制。派特·斯崔德姆指出，当代出现的风险所具有的独特性：它是普遍存在的、全球性的以及不可逆转的。从社会的角度看，它们普遍存在，威胁到所有生命，从人类到动植物。从空间上看，它们是全球性的，超越了地理界线和限制，突破了政治边界，影响到微生物界以及大气层。从时间上看，它们是不可逆转的，对人类和物种的后代产生了消极影响。

6. 降低风险的途径

（1）多样化选择

多样化选择指消费者在计划未来一段时间内的某项带有风险的经济活动时，可以采取多样化的行动，以降低风险。

（2）风险分散

投资者通过投资许多项目或者持有许多公司的股票而分散风险。这种以多种形式持有资产的方式，可以一定程度地避免持有单一资产而发生的风险，这样，投资者的投资报酬就会更加确定。

（3）保险

在消费者面临风险的情况下，风险回避者会愿意放弃一部分收入去购买保险。如果保险的价格正好等于期望损失，风险规避者将会购买足够的保险以使他们从任何可能遭受的损失中得到全额补偿，确保收入给他们带来的效用要高于存在无损失时高收入、有损失时低收入这种不稳定情况带来的效用。此外，消费者可以进行自保，一是采取资产多元化组合，如购买共同互助基金；二是向某些基金存放资金，以抵消未来损失或收入降低。

二、企业风险

（一）企业风险概述

1. 企业风险的概念

企业风险又称经营风险，是指未来的不确定性对企业实现其经营目标的影响。企业风险按其内容不同可分为战略风险、财务风险、商业风险、营运风险等。

2. 企业风险的特点

企业风险不但影响公司在国内的经济行为与效益，还直接影响公司在海外的经营效益或投资效益。

（1）它带有主观意识

因为它取决于在一定时期内公司预测未来现金流动量的能力，而公司这种预测能力是千差万别的。

（2）它不包括预测的汇率变动

因为公司管理当局或广大投资者在评价预期收益时，已把预期汇率变动考虑进去了。

（3）企业风险影响比交易风险和折算风险大

3.企业风险衡量

企业经营风险的大小常常使用经营杠杆来衡量，经营杠杆的大小一般用经营杠杆系数表示，它是企业计算利息和所得税之前的盈余变动率与销售额变动率之间的比率。

它体现了利润变动和销量变动之间的变化关系；

经营杠杆系数越大，经营杠杆作用和经营风险越大；

固定成本不变，销售额越大，经营杠杆系数越小，经营风险越小，反之，则相反；

当销售额达到盈亏临界点时，经营杠杆系数趋近于无穷大。

企业一般可通过增加销售额，降低单位变动成本和固定成本等措施来降低经营杠杆和经营风险。

（二）企业风险的分类

1.依照风险的内容和来源划分

依照风险的内容和来源，企业风险可分为以下五个方面：

（1）战略风险

目前学术界对战略风险概念的定义尚存在着分歧，但基本上都没有脱离战略风险字面的基本含义。风险的基本定义是损失的不确定性，因此战略风险就可理解为企业整体损失的不确定性。战略风险是影响整个企业的发展方向、企业文化、信息和生存能力或企业效益的因素。战略风险因素也就是对发展战略目标、资源、竞争力或核心竞争力、企业的效益产生重要影响的因素。

战略风险伴随企业战略的始终和发展的全过程，不仅仅是在单一的战略制定过程中产生的，因而对战略风险的因素可以分为内、外两个方面。对于来自企业外部环境的风险因素可以概括为战略环境。对于内部因素的分析从对战略的影响因素方面进行分析，企业的资源和能力是决定战略的主要因素和竞争优势的来源，因而可以认为企业的战略资源、竞争能力是企业的重要风险因素。此外，企业的战略定位是企业战略实施的关键因素。

（2）财务风险

财务风险是客观存在的，是企业在财务管理过程中必须面对的一个现实问题。企业如何优化内部财务管理，提升财务管理的水平，防范和降低财务风险，是影响企业生存与发展的重大问题，也是其经营发展的关键所在。

（3）市场风险

市场风险也是金融体系中最常见的风险之一，它是指在交易平仓变现所需的期间内，交易组合的市值发生负面变化的风险。市场组合的收益是各项交易产生的收益和亏损的总和，任何价值的下降均会形成相应期间内的一项市场损失。

市场风险是通过一系列市场参数的波动性反映的，这些市场参数包括利率、股票指数、汇率等。这种不稳定性以市场波动性计量。

衡量市场风险并不适合使用金融工具的持有时间为指标，因为银行可以在此期间的任何时候将其变现了结或运用对冲来规避未来价格变化可能导致的损失。实际上，市场风险指的是在变现了结市场交易所需的最短时间内市场价值的波动。这就是为什么市场风险只是存在于变现期间的原因。变现期虽然很短，但在市场不稳定的条件下，币值的波动仍会很大。如果恰好这些市场工具的流动性又很差，那么要将其售出就得做出大幅度让价。变现期越长，大幅度市值变化的可能性就越大。一般来说，变现期的长短因工具的种类而异。外汇交易一般较短（一天），而一些衍生工具则流动性较差，变现期一般较长。无论属于哪种情况，监管当局都会制定规则，设定变现期的长短。在利息收入和利息支出所依据的基准利率变动不一致的情况下，虽然资产、负债和表外业务的重新定价特征相似，但是因其现金流和收益的利差发生了变化，也会对银行的收益或内在经济价值产生不利的影响。

（4）法律风险

法律风险指没有全面、认真执行国家法律法规和政策规定以及上市地证券监管规定而影响合规性目标实现的因素。

法律风险，融通于各种企业风险中，不是孤立的一种企业风险，从形成原因和表现形式上看，具有多样性，可以分为如下两类：

①直接的法律风险

直接的法律风险指法律因素导致的，或者由于经营管理时缺乏法律支持而带来的各类企业风险，例如：企业决策判断时缺乏法务支持而导致的决策风险，单位管理体系中合同管理、知识产权管理、管理人法律意识等欠缺而导致的管理风险，立法调整而导致的非经营风险。

②间接的法律风险

间接的法律风险指非法律因素的各类企业风险发生后，最后给企业带来的各种法律后果，例如：财务风险带来的法律风险，其经营失败后给股东带来的企业清算责任，企业决策在实施中因为战争、自然灾害等不可抗力导致的经营失败给企业带来的民事赔偿以及法律纠纷。

（5）运营风险

运营风险是指企业在运营过程中，由于外部环境的复杂性和变动性以及主体对环境的认知能力和适应能力的有限性而导致的运营失败或使运营活动达不到预期目标的可能性及其损失。营运风险并不是指某一种具体特定的风险，而是包含一系列具体的风险。运营风险与合规委员会协助执行委员会与董事会共同对良好的运营风险框架之建立活动进行监控，并监督集团的运营风险状况。

为了提高资本增值水平，企业应在经营过程中，根据具体情况，调整资本投向、资产结构、经营对象等，不应把正常的经营活动排斥在"资本运营"范畴之外，不应将收购合并、股权置换、资产重组、项目融资等置于企业正常的经营活动之上。首先，企业应将经营理念从"实物"转向"价值"。资本运营要求企业重视技术更新、产品换代、需求变化等市场（社会）动向，及时调整技术结构、产品结构和市场结构，淘汰将步入衰退期的技术、设备和产品，从而运用最有效的手段（技术、设备、产品、市场等）来保障资本价值的保值增值。其次，企业还应将理念从"规模"转向"效率"，把资产数量、结构等放置在为资本增值服务的地位上。长期以来，相当多的企业重资产规模扩大，轻资产效率提高，结果每年支付的利息几倍于利润，导致经济效益快速下落，甚至落入亏损境地。资本运营要求企业以提高资本效益为筹募资金和使用资金的基本准则，以实现资本增值为目的，例如，利息是对利润的扣除，只有在利率低于资金利润率的条件下，借入资金才有利于其利润率的提高。

2. 依照能否为企业带来盈利等机会划分

依照能否为企业带来盈利等机会为标志，风险又可以分为纯粹风险和机会风险，纯粹风险是指只为企业带来损失这一种可能性的风险；而机会风险则是指既有为企业带来损失的可能性，又有为企业带来盈利的可能性。

3. 根据风险的来源以及范围划分

根据风险的来源以及范围，COSO内部控制报告认为企业层面的风险来自外部因素或内部因素，中国内部审计协会将风险分为外部风险和内部风险。

（1）外部风险

外部风险，包括法律风险、政治风险和经济风险。法律风险、政治风险和经济风险是相互影响、相互联系的。一个国家的法律健全稳定，政治也会相应比较稳定，同时，市场竞争也会处在法律法规的框架内运行，竞争会更公平和规范，企业的整体经营环境会更好一些，决策和行动具有可预期性。

（2）内部风险

内部风险，包括战略风险、财务风险、经营风险等企业内部的风险。源自于企业自身的经营业务，包括企业战略的制定、财务的运行和经营的活动等方方面面的风险。与外部风险相比，内部风险一般更容易识别和管理，并可以通过一定的手段来降低风险和控制风险。

4. 根据风险管理职能划分

根据风险管理的职能划分，可将风险分为经营风险、管理风险、财务风险和法律风险。

第二节　风险管理的概念

一、风险管理的含义

（一）广义的风险管理

企业风险管理是企业的董事会、管理层和其他员工共同参与的一个过程，应用于企业的战略制定及企业的各个部门和各项经营活动中，用于确认可能影响企业的潜在事项并在企业风险偏好范围内管理风险，对目标实现提供合理保障。

（二）狭义的风险管理

风险管理是指对潜在的风险进行预测、识别、整理、分析，并且能够合理有效地处置风险，以最低成本实现最大安全保障的科学管理方法。通过风险识别、风险估测、风险评价，对各种风险管理技术和相关因素进行优化组合，从而对风险进行科学、有效的控制，对风险可能或已经遭受的损失进行妥善地预警和处理，最终达到以最小的成本实现最大的安全保障。风险管理的具体内容包括：

风险管理的对象是风险；

风险管理的主体可以是任何组织和个人；

风险管理的过程包括风险识别、风险估测、风险评价、选择风险管理技术和评估风险管理效果等；

风险管理的基本目标是以最小的成本获得最大的安全保障；

风险管理成为一个独立的管理系统，并成为一门新兴的学科。

二、全面风险管理的意义

风险管理由来已久，近些年来更是逐步成为国际上关注的热点，在一些发达国家，风险管理不仅在理论上发展迅速，而且很多企业都已认识到风险管理的重要性，越来越多地将风险管理应用到企业管理的各个方面。

在我国，风险管理理论的发展及应用相对滞后，有相当一部分企业普遍存在风险管理意识不足、缺乏风险策略、风险管理较为被动、缺少风险管理专业人才以及风险管理技术、资金不足等问题，主要表现在以下几方面：

企业战略与风险管理不匹配。我国众多企业在战略目标的制定上有一个很大的特点，就是急于求成，希望以最快的方式获得回报，结果致使企业在发展的过程中承担了过多自身不可承受的风险，加上缺乏与之匹配的风险管理策略和措施，导致企业应对市场变化能力不强，产品的生命周期大大缩短，发展后劲不足，甚至有个别企业在重大风险事件发生之时无从应对，造成巨额损失。

企业风险管理多为事后控制，缺乏主动性。企业现有风险管理多为事后控制，对风险缺乏系统、定时的评估，缺少积极、主动的风险管理机制，不能从根本上防范重大风险以及其所带来的损失。

重视具体风险的管理，缺乏风险管理整体策略。在已实施风险管理的企业中，有很大一部分企业更多地将精力投入具体风险管理中，却缺乏系统、整体性地考虑企业风险组合与风险的相互关系，从而导致风险管理的资源分配不均，影响企业整体风险管理的效率和效果。

尚未形成企业的风险信息标准和传送渠道，风险管理缺乏充分的信息支持。内部缺乏对于风险信息的统一认识，风险信息的传递尚未有效地协调和统一，对于具体风险，缺乏量化和信息化的数据支持，影响决策的效率和效果。

风险管理职责不清。企业现有的风险管理职能、职责散落在各个部门和岗位之中，缺乏明确且针对不同层面的风险管理的职能描述和职责要求，考核和激励机制中尚未明确提出风险管理的内容，导致缺乏保障风险管理顺利运行的职能架构。

企业切实实行全面风险管理、运行风险管理基本流程，可以获得很多好处，最主要的有如下几点：

标本兼治，从根本上提高风险管理水平。全面风险管理体系帮助企业建立动态的自我运行、自我完善、自我提升的风险管理平台，形成风险管理长效机制，从根本上提升企业风险管理水平，达到与其整体经营战略相结合的风险最优化。全面风险管理把风险管理纳入企业战略执行的层面之上，将企业成长与风险相连，设置与其成长及回报目标相一致的风险承受度，从而使企业将战略目标的波动控制在一定的范围内，支持企业战略目标实现并随时调整战略目标，保障其稳健经营。

使所有利益相关人了解企业风险现状，保障各利益相关人共同利益最大化。全面风险管理体系对董事会、风险管理委员会、审计委员会、经理层、风险管理职能部门、内部审计部门等机构在全面风险管理中的职责作了详细的说明，将风险责任落实到公司各个层面，保证了风险管理的公允性和有效性，促使其各利益相关人利益最大化。

提升企业具体风险管理解决方案的效果。全面风险管理体系提出了企业建立风险管理的整体框架，在此框架下，企业可以根据自身管理的水平和阶段，针对具体风险，灵活地制订风险解决方案。通过体系框架下的风险策略、风险组织职能、风险信息系统、金融工具以及内控等多种管理手段，提高具体风险的管理效率和效果。

尽管目前我国企业管理水平参差不齐，但是很多企业在进行了一系列的管理创新后已经具备了开展全面风险管理的基础，其中有些企业建立健全了法人治理结构，有些企业制定了自己的战略规划，有些企业进行了流程的梳理与改造，有些企业编制了详细的内部控制手册，更有一些企业已经将全面风险管理纳入本企业的管理实践中，仅在我们所服务的大型国有企业中，有十余家正在按计划逐步建立全面风险管理体系。这些企业不同程度地进行了风险辨识评估，明确了本企业的重大风险；制定了风险战略，建立了风险模型，将风险量化；成立了风险管理部门，落实了风险管理的组织职能，更重要的是这些企业在实施全面风险管理过程中，提高了全员的风险管理意识。这些措施的落实增强了我们对全面风险管理实施的信心，也让我们看到了全面风险管理的美好前景。

三、企业风险管理

企业风险管理是对企业潜在的各种风险进行识别、衡量、分析、评价，试图将各类不确定因素产生的结果控制在预期可接受范围内的方法和过程，最终实现最大安全保障的一种科学管理方法。

（一）企业风险管理的目标

明确了风险管理的目标，就明确了企业风险管理的方向，对企业全面风险管理作用的发挥以及管理活动本身具有极其重要的意义。企业风险管理框架力求实现主体的以下四种类型的目标：

1. 战略目标

高层次目标，与使命相关联并支撑其使命。

2. 经营目标

有效和高效率地利用其资源。

3. 报告目标

报告的可靠性。

4. 合规目标

符合适用的法律和法规。

这种对主体目标的分类方式可以在不同层面上使我们更加全面地关注企业风险管理。一个特定的目标可以归入多个类别，反映了主体的不同需要，而且可能会成为不同管理人员的直接责任。

我们根据企业风险管理与企业总体目标的关系以及风险管理的作用，将企业风险管理的目标分为如下三个层级。

第一层级：实现企业总战略目标，实现价值最大化。这是风险管理的最终目标。

第二层级：达到控制风险的目标，这个层级的目标可细分为控制风险目标、处理危机目标和把握机会目标。这是风险管理的直接目标。

第三层级：增进企业文化建设。通过风险管理意识的增强、风险管理制度的建立、风险管理组织的设置以及风险管理流程的运行，使风险管理能够融入企业文化之中，让企业建立起与现代经济社会相适应的企业文化，并实现企业的可持续发展。这是风险管理的精神目标。

（二）目标与构成要素之间的关系

1. 有效性

认定一个主体的企业风险管理是否"有效"，是在对八个构成要素是否存在和有效运行来进行评估的基础之上所做的判断。因此，构成要素也是判定企业风险管理有效性的标准。构成要素如果存在并且正常运行，那么就可能没有重大缺陷，而风险则可能已经被控制在主体的风险容量范围之内。

如果判定企业风险管理在所有四类目标上都是有效的，那么董事会和管理当局就可以合理保证他们了解主体实现其战略和经营目标、主体的报告可靠程度以及符合适用的法律和法规的程度。

八个构成要素在每个主体中的运行并不是千篇一律的。例如，在中小规模主体中的应用可能不太正式、不太健全，尽管如此，当八个构成要素存在且正常运行时，小规模主体依然会拥有有效的企业风险管理。

2. 局限

尽管企业风险管理带来了重要的好处，但是仍然存在着局限，除了前面讨论过的因素之外，局限还来源于下列现实：人类在决策过程中的判断可能有纰漏，有关应对风险和建立控制的决策需要考虑相关的成本和效益，类似简单误差或错误的个人缺失可能会导致故障的发生，控制可能会因为两个或多个人员的串通而被规避，以及管理当局有能力凌驾于企业风险管理决策之上。这些局限使得董事会和管理当局不可能就主体目标的实现形成绝对保证。

3. 涵盖内部控制

内部控制是企业风险管理不可分割的一部分。这份企业风险管理框架涵盖了内部控制，从而构建了一个更强有力的概念和管理工具。

4. 职能与责任

主体中的每个人都对企业风险管理负有一定的责任。首席执行官（CEO）负有首要责任，并且应当假设其拥有所有权。其他管理人员支持主体的风险管理理念，促使符合企业风险容量，并在各自的责任范围内依据风险容量去管理风险。风险官、财务官、内部审计师等通常负有关键的支持责任，主体中的其他人员负责按照既定的指引和规程去实施。企业风险管理董事会对企业风险管理提供重要的监督，并察觉和认同主体的风险容量。很多外部方面，例如顾客、卖主、商业伙伴、外部审计师、监管者和财务分析师常常提供影响企业风险管理的有用信息，但是他们不但不对主体的企业风险管理的有效性承担任何责任，而且也不是它的组成部分。

（三）企业风险管理的方法

1. 投资风险

投资风险是指因投资不当造成投产企业经营的效益不好，投资资本下跌，企业对此应采取：在项目投资前，一定要各职能部门和项目评审组一起进行严格的、科学的审查和论证，不能盲目运作，对外资项目更不能作风险承诺，也不能做差额担保和许诺固定回报率。

2. 经济合同风险

经济合同风险是指企业在履行经济合同的过程中，对方违反合同规定或遇到不可抗力影响，造成本企业的经济损失。因此，企业在进行经营和产品合同签订后的履约及赔偿责任问题上，合同签订后还应密切注视其执行情况，要有远见地处理随时发生的变化。

3. 产品市场风险

产品市场风险是指因市场变化、产品滞销等原因导致跌价或不能及时卖出自己的产品。产生市场风险的原因有三个：①市场销售不景气，包括市场疲软和产品产销不对路；②商品更新换代快，新产品不能及时投放市场；③国外进口产品挤占国内市场。

4. 存货风险

存货风险是指因价格变动或过时、自然损耗等损失引起存货价值减少。这时企业应立刻清理存货，生产时要控制投入、控制采购、按时产出，并加强保管。有些观念保守的企业担心存货贬值，怕影响当前效益，长期不处理，结果造成产品积压，损失越来越大。

5. 债务风险

债务风险是指企业举债不当或举债后资金使用不当致使企业遭受损失，为了避免企业资产负债，企业应控制负债比率。许多企业因股东投资强度不够，便以举债扩大生产经营或盲目扩大生产，结果提高了资产负债率，却造成资金周转不灵，还影响了正常的还本付息，最后可能导致企业资不抵债而破产。

6. 担保风险

担保风险是指为其他企业的贷款提供担保，最后因其他企业无力还款而代其偿还债务。企业应谨慎办理担保业务，严格审批手续，一定要完善反担保手续以避免不必要的损失。

7. 汇率风险

汇率风险是指企业在经营进出口及其他对外经济活动时，因本国与外国汇率变动，使企业在兑换过程中遭受的损失。企业平时就要随时注意其外币债务，密切注视各种货币的汇率变化，以便采取相应措施。特别是在银行有外币贷款的企业更应如此。

四、企业风险管理流程

（一）风险识别

风险识别是风险管理的第一步，主要是指在风险事故发生之前，运用各种方法科学、系统地对企业、家庭或个人面临的和潜在的风险，加以判断、归类和对风险性质进行鉴定的过程。即对已经发生的和潜在的各种风险进行系统地识别和分类，并分析风险事故发生的潜在原因。风险识别过程包含感知风险和分析风险两个环节：感知环节是风险识别的基础，只有有效地感知风险，才能为之后的分析和决策过程提供思考和帮助；分析风险，即分析引起风险事故的各种因素，它是风险识别的关键，主要是运用感知、判断或归类的方式对现实的和潜在的风险性质进行鉴别的过程。风险识别的任务是要从错综复杂的环境中找出经济主体所面临的主要风险。

1.生产流程分析法

又称流程图法。生产流程又叫工艺流程或加工流程，是指在生产工艺中，从原料投入到成品产出，通过一定的设备按顺序连续地进行加工的过程。该种方法强调根据不同的流程，对每一阶段和环节逐个进行调查分析，找出风险存在的原因。

2.风险专家调查列举法

由风险管理人员对该企业、单位可能面临的风险逐一列出，并根据不同的标准进行分类。专家所涉及的面应尽可能广泛些，有一定的代表性。一般的分类标准为：直接或间接，财务或非财务，政治性或经济性。

3.资产财务状况分析法

即按照企业的资产负债表及损益表、财产目录等财务资料，风险管理人员经过实际的调查研究，对财务状况进行分析，发现其潜在风险。

4.分解分析法

指将一个复杂的事物分解为多个比较简单的事物，将大系统分解为具体的组成要素，从中分析可能存在的风险及潜在损失的威胁。

5.失误树分析法

是以图解表示的方法来调查损失发生前种种失误事件的情况，或对各种引起事故的原因进行分解分析，具体判断哪些失误最可能导致损失风险的发生。

风险的识别还有其他方法，诸如环境分析、保险调查、事故分析等。企业在识别风险时，应该交互使用各种方法。

（二）风险估测

风险估测是在风险识别的基础上，通过对所收集的大量资料进行分析，利用概率统计理论，对在项目管理过程中可能出现的相关事件所引起的后果进行分析，以确定该事件发生的概率以及可能影响项目的潜在的相关后果，风险估测的出发点是通过对相关资料和事实的分析，从而揭示所观察到的风险的原因及影响，和最终提出并考察备选方案。

（三）风险评价

风险评价是指在风险识别和风险估测的基础上，结合各种因素，对风险发生的概率、损失程度进行综合分析，并与公认的安全指标相比较，从而科学地评估发生风险的可能性及其可能造成的危害程度，最终决定是否采取相应的措施来处理和控制该风险的发生和发展。

（四）选择风险管理技术

选择最佳风险管理技术是风险管理中最为重要的环节，也是实现风险管理目标的必然要求。风险管理技术分为控制型和财务型两类：控制型主要体现在对风险管理的控制力上，通过疏导和改变容易发生风险事件的各种因素和条件，从而达到缩小损失范围和降低损失频率的目的；财务型则主要以提供基金的方式，对无法控制的风险在财务上进行有效安排。

（五）评估风险管理效果

评估风险管理的效果是指对风险管理技术适用性及收益性情况的分析、检查、修正和评估。风险管理效益的大小，与风险管理的目标是相一致的，二者的共同目标都是看能否以最小风险成本取得最大安全保障。同时，还要注意考虑风险管理与整体管理目标是否一致，是否具有实施的可行性。而这些要素综合起来也就是说最终的风险处理对策是不是最佳解决方案，这种判定是可以通过评估风险管理的效益来进行判断的。

第三节 风险管理的组织体系

企业风险管理组织体系，主要包括规范的公司法人治理结构，风险管理职能部门、内部审计部门和法律事务部门，以及其他有关职能部门、业务单位的组织领导机构及其职责。

企业应建立健全规范的公司法人治理结构，股东（大）会、董事会、监事会、经理层依法履行职责，形成高效运转、有效制衡的监督约束机制。

一、独立董事

（一）独立董事概述

所谓独立董事，是指独立于公司股东且不在公司中内部任职，并与公司或公司经营管理者没有重要的业务联系或专业联系，对公司事务做出独立判断，监督公司内部董事或执行董事的外部董事和非执行董事。独立董事对上市公司及全体股东负有诚信与勤勉义务。上市公司独立董事是指不在上市公司担任除董事外的其他职务，并与其所受聘的上市公司及其主要股东不存在可能妨碍其进行独立客观判断关系的董事。

独立董事的地位是完全独立的，不存在影响其客观、独立地做出判断关系，且保证他在公司发展战略、运作、经营标准以及其他重大问题上做出自己独立的判断，他既不代表主要出资人，尤其是大股东，也不代表公司管理层。

独立董事的职责是，独立董事对上市公司及全体股东负有诚信与勤勉义务，独立董事应当按照相关法律法规、《关于在上市公司建立独立董事制度的指导意见》和公司章程的要求，认真履行职责，维护公司整体利益，尤其要关注中小股东的合法权益不受损害。独立董事应当独立履行职责，不受上市公司主要股东、实际控制人或者其他与上市公司存在利害关系的单位或个人的影响。独立董事原则上最多在5家上市公司兼任独立董事，并确保有足够的时间和精力有效地履行独立董事的职责。

（二）独立董事在董事会中的法律特征

1. 独立性

一是法律地位的独立。独立董事是由股东大会选举产生，不是由大股东推荐或委派，也不是公司雇用的经营管理人员，他作为全体股东合法权益的代表，独立享有对董事会决议的表决权和监督权；二是意愿表示独立。独立董事因其不拥有公司股份，不代表任何个别大股东的利益，不受公司经理层的约束和干涉，同时也和公司没有任何关联业务和物质利益关系。因此，决定了他能以公司整体利益为重，对董事会的决策做出独立的意愿表示。

2. 客观性

独立董事拥有与股份公司经营业务相关的经济、财务、工程、法律等专业知识，勤勉敬业的执业道德，一定的经营管理经验和资历，以其专家型的知识层面影响和提高了董事会决策的客观性。

3. 公正性

与其他董事相比而言，独立董事能够在一定程度上排除股份公司所有人和经理人的"权""益"干扰，代表全体股东的呼声，公正履行董事职责。

独立性是独立董事的基本法律特征，客观性和公正性都产生于独立性的基础之上，而客观性和公正性又保证了独立董事在股份公司董事会中依法履行董事职务的独立性。

（三）独立董事制度在企业风险管理方面的作用

1.提高了董事会对股份公司的决策职能

制定独立董事制度，明确独立董事的任职条件、独立董事的职责、独立董事在董事会成员中的比例以及对股份公司应承担的法律责任等条款，保障了独立董事依法履行董事职责。独立董事以其具有的专业技术水平、经营管理经验和良好的执业道德，受到广大股东的信任，被股东大会选举履行董事职责，提高了董事会的决策职能。

独立董事制度的确立，改变了股份公司董事会成员的知识结构。《中华人民共和国公司法》（以下简称《公司法》）在董事会组织结构中，对董事会组织的人数，选举产生的程序、方法和一般资格条件作了规定，但对董事应当具备的专业资格条件却没有明确。《创业板股票上市规则》不但明确规定了独立董事应当具备的条件，而且还规定了不得担任独立董事的禁止性条款，对独立董事的任职条件从选举程序、专业知识、工作经历、执业登录和身体条件等方面都进行了规范，从而保证了独立董事参加董事会议事决策的综合素质，弥补了董事会成员专业知识结构不平衡的缺陷，提高了董事会决策的科学性。

同时，通过法律赋予独立董事的独立职权，也从董事的善管义务、忠实义务方面要求和督促其从维护全体股东的合法权益出发，客观评价股份公司的经营活动，尤其是敢于发表自己的不同意见，防止公司经营管理层操纵或隐瞒董事会而做出违法、违纪行为，为董事会提供有利于股份公司全面健康发展的客观、公正的决策依据。

2.增强了董事会对股份公司经营管理的监督职能

由于我国还处在市场经济发展的初期，公司法律制度尚未完全建立健全，法人治理机制还没有完全摆脱"人治"的影响。其中最突出的表现之一就是相当一部分由上级行政主管部门或投资机构推荐委派担任股份公司的董事，往往成为大股东在公司董事会中的代言人，只代表其出资方的利益，没有体现股份公司"股东利益最大化"的基本特征。

3.有利于股份有限公司两权分离，完善法人治理机制

股份公司实现所有权与经营权的分离，所有权与决策权分离的关键，

就是如何在建立和完善适应两者之间相互制衡的法律制度的基础上，保护股份公司的整体利益，同时，这也是现代公司制度的精髓所在，是股份制公司推动社会主义市场经济发展和科学进步的重要保证。

独立董事制度改变了由政府任命、主管机关推荐或委派董事的董事会组成方式，独立董事不是公司的股东，不具有股份公司的所有权，但依照法律规定享有代表全体股东行使对公司经营管理的决策权和监督权。从法律制度、组织机构两个方面保证了股份公司所有权与经营权的分离：一是在公司法人治理结构中，由于独立董事参与董事会决策，对于董事会始终处于股份公司枢纽地位，对公司生存和发展起到了更好的监督作用，避免董事会更多地陷入公司的具体事务性工作；二是在股份公司法人治理结构中，设立独立董事制度对于完善董事会内部的组织结构，股东会、董事会和经营管理层三者之间的分工协调关系，提供了组织机构上的保障。《公司法》里认为，表决权是股份公司股权制度的核心，而股东权益的最终实现就体现在董事对公司经营决策权的表决权和监督权上，独立董事制度是防止股份公司"所有者缺位"和"内部人"控制的有效手段之一。

独立董事在董事会中的特殊作用不仅代表了市场经济竞争的公正和公平性，同时，也标志着现代公司法律制度的完善程度。因此，修改《公司法》，建立独立董事制度势在必行。

（四）独立董事的任职资格

第一，独立董事应当具备与其行使职权相适应的任职条件，担任独立董事应当符合下列基本条件：①根据法律、行政法规及其他有关规定，具备担任上市公司董事的资格，并取得深圳或者上海证券交易所颁发的独立董事任职资格证书；②具有《关于在上市公司建立独立董事制度的指导意见》所要求的独立性，即独立董事必须在人格、经济利益、产生程序、行权等方面独立，不受控股股东和公司管理层的限制；③具备上市公司运作的基本知识，熟悉相关法律、行政法规、规章及规则；④具有五年以上法律、经济或者其他履行独立董事职责所必需的工作经验；⑤公司章程规定的其他条件。

第二，独立董事必须具有独立性，下列人员不得担任独立董事：①在上市公司或者其附属企业任职的人员及其直系亲属、主要社会关系（直系亲属是指配偶、父母、子女等；主要社会关系是指兄弟姐妹、岳父母、儿媳女婿、兄弟姐妹的配偶、配偶的兄弟姐妹等）；②直接或间接持有上市公司已发行股份 1% 以上或者是上市公司前十名股东中的自然人股东及其直系亲属；③在直接或间接持有上市公司已发行股份 5% 以上的股东单位或者在上市公司前五名股东单位任职的人员及其直系亲属；④最近一年内曾经具有前三项所列举情形的人员；⑤为上市公司或者其附属企业提供财务、法律、咨询等服务的人员；⑥公司章程规定的其他人员；⑦中国证监会认定的其他人员。

二、董事会

（一）董事会及其特征

董事会是由董事组成的，对内掌管公司事务、对外代表公司的经营决策机构。公司设董事会，由股东会选举。董事会设董事长一人，副董事长一人，董事长、副董事长由董事会选举产生。董事任期三年，任期届满，可连选连任。董事在任期届满前，股东会不得无故解除其职务。

董事会是依照有关法律、行政法规和政策规定，按公司或其章程设立并由全体董事组成的业务执行机关，具有如下特征：

董事会是股东会或企业职工股东大会这一权力机关的业务执行机关，负责公司或企业和业务经营活动的指挥与管理，对公司股东会或企业股东大会负责并报告工作。股东会或职工股东大会所做的决定、公司或企业重大事项的决定，董事会必须执行。

（二）董事会的职责

股份公司的权力机构，它的法定代表又称管理委员会、执行委员会。由两个以上的董事组成。除法律和章程规定应由股东大会行使的权力之外，其他事项均可由董事会决定。公司董事会是公司经营决策机构，董事会向股东会负责。

董事会的义务主要是：制作和保存董事会的议事录，备置公司章程和各种簿册，及时向股东大会报告资本的盈亏情况和在公司资不抵债时向有关机关申请破产等。

股份公司成立以后，董事会就作为一个稳定的机构而产生。董事会的成员可以按章程规定随时任免，但董事会本身不能撤销，也不能停止活动。董事会是公司最重要的决策和管理机构，公司的事务和业务均在董事会的领导下，由董事会选出的董事长、常务董事具体执行。

董事会对股东会负责，行使下列职权：

负责召集股东会并向股东会报告工作；

执行股东会决议；

决定公司的生产经营计划和投资方案；

制订公司的年度财务预算方案、决算方案；

制订公司利润分配方案和弥补亏损方案；

制订公司增加或减少注册资本以及发行公司债券方案；

制订公司合并、分立、解散或者变更公司形式的方案；

决定公司内部管理机构的设置；

决定聘任或解聘公司经理及其报酬事项，并根据经理的提名决定聘任或者解聘公司副经理、财务负责人及其报酬事项；

制定公司的基本管理制度；

公司章程规定的其他职权。

（三）董事的类型

董事一般分为执行董事（常务董事）和非执行董事。一般来说，执行董事是那些全职负责公司管理的人。而非执行董事是那些从外部引入的有丰富经验的专家，他们可使公司的决策更加客观。

在实际情况中，执行董事普遍倾向于让更多熟悉公司业务的人进入董事会。

另外有些公司的工会影响力较大时，亦会借由与资方的团体协约或是公司章程内明定由工会推派一定数目的劳工董事（工会董事）进入董事会，以保障劳方的权益。

在一些国家，也把那些不是董事的实权人物称为影子董事。他们虽然不是董事，却是实际行使董事职权的人（很多是因为他们自以为已经获得了适当的授权）。影子董事不是董事，但是却不经合理途径去寻求控制公司。

全美董事联合会咨询委员会（NCAD）将公司治理的目标定义如下：公司治理要确保公司的长期战略目标和计划被确立，以及为实现这些目标而建立适当的管理结构（组织、系统、人员），同时要确保这些管理结构有效运作以保持公司的完整、声誉，以及对它的各个组成部分负责任。

（四）董事会会议

会议流程注意要点：

1.关于董事会会议

《公司法》规定，董事会每年度至少召开两次会议。

2.关于董事会会议流程

包括通知、文件准备、召开方式、表决方式、会议记录及其签署、董事会的授权规则等。

3.关于董事会会议议案

相关拟决议事项应当先提交相应的专门委员会进行审议，由该专门委员会提出审议意见。专门委员会的审议意见不能代替董事会的表决意见（除董事会依法授权外）。

二分之一以上独立董事可向董事会提请召开临时股东大会。只有两名独董的，提请召开临时股东大会应经其一致同意。

本公司董事、监事、总经理等可提交议案；由董秘汇集分类整理后交董事长审阅；由董事长决定是否列入议程；对未列入议程的议案，董事长应以书面方式向提案人说明理由；提案应有明确议题和具体事项；提案以书面方式提交。

4.关于董事会会议议程

在四种情形下董事长应召集临时董事会会议：董事长认为必要时；三分之一以上董事联名提议时；监事会提议时；总经理提议时。

董事会例会应当至少在会议召开十日前通知所有董事，应及时在会前提供足够的和准确的资料，包括会议议题的相关背景资料和有助于董事做出决策的相关信息和数据。监督管理机构可根据需要列席董事会相关议题的讨论与表决。董事会应当通知监事列席董事会会议。

5.关于董事会会议通知

会议通知由董事长签发，由董秘负责通知各有关人员做好会议准备。正常会议应在召开日前六日通知到人，临时会议应在召开日前三日通知到人。

董事会会议由董事长召集，会议通知、议题和有关文件应于会议召开十日前以书面形式送达全体董事。

董事会会议通知包括以下内容：会议日期和地点；会议期限；事由及

议题；发出通知的日期。

董事会每年度至少召开两次会议，每次会议应当于会议召开十日前通知全体董事和监事。董事会召开临时会议，可以另定召集董事会的通知方式和通知时限。

6.关于董事会参会人员

董事会会议应当由二分之一以上董事出席方可举行，董事对拟决议事项有重大利害关系的，该董事会会议应由二分之一以上无重大利害关系的董事出席方可举行。董事应当每年亲自出席三分之二以上的董事会会议。

7.关于董事会委托授权签字

董事因故不能出席的，应当委托其他董事代为出席，委托书中应载明授权范围。未能亲自出席董事会会议而又未委托其他董事代为出席的董事，应对董事会决议承担相应的法律责任。

三、风险管理委员会

风险管理的运行需要企业全体员工的认同和参与。因此，风险管理委员会应当在其组织中处于一个较高的层次，并赋予适当的考核权力，才有利于其开展工作，减少阻力。通常，风险管理委员会设置在董事会下，直接对董事会负责，委员会委员为公司的董事或高管。

（一）风险管理委员会的条件要求

风险管理委员会对建立和发展公司的风险管理体系负有整体责任，对其组成人员的素质要求比较高，具体包括以下内容：

1.责任感

风险管理责任重大，在某种程度上同人体的健康一样，平时没有什么特别的体现，好像没有产生什么业绩。但一旦出现问题，就有可能是致命的危险。风险管理人员的工作关乎其命运，因而责任感是对任职人员素质的第一要求。

2.懂得风险和风险管理

风险管理者要有敏锐的眼光和面向未来的观念，能够对即将发生的风险进行识别，并且能够恰当地衡量和分析风险，据此提出了解决办法和控制措施。

3. 富有专长和工作经验

对其商业模式和业务流程的了解是进行风险识别的基础。风险管理者应该在公司中具有丰富的工作经验，熟知企业的内外环境和工作流程。

4. 沟通能力

风险识别离不开企业工作人员的配合，而且风险管理措施也需要企业所有工作人员落实和执行。因此，风险识别的调查、风险措施的传达、风险理念的灌输、实施效果的考核等，都需要风险管理人员与各部门工作人员的沟通和交流来实现。良好的沟通能力在这一过程中不可或缺。

（二）风险管理委员会的职责

风险管理是一个系统工程，需由主体内的一个有机的组织来实施并执行各自的职责，才能实现风险管理的目标。但是，对于风险管理的组织构成层级及范围没有统一的标准，同时，各个企业大小不等，规模不一，风险管理组织也会有较大的区别。但现代风险管理的理念是在一个主体内，风险管理必须由最高层从战略上把控，而在基层组织中，风险管理人人有责。风险管理由一个主体的董事会、管理当局和其他人员实施，应用于战略制定并贯穿于企业之中。总的来说，风险管理委员会的职责主要有以下七个方面：

1. 识别并营造风险管理的内部环境

内部环境是风险管理的基础要素。风险管理八要素的第一个要素就是内部环境。内部环境包括风险管理哲学、风险偏好、风险文化、组织结构、职业操守、价值观、管理哲学、经营风格、人力资源等方面。风险管理委员会应识别、分析企业的内部环境，并致力于内部环境的营造，塑造有利于风险管理的环境氛围。

2. 引导企业文化建设，加入风险理念

风险管理过程包含许多与企业各职能部门的沟通和互动，包括前期的信息收集、中期的措施实施以及后期的评价考核等。一个有效的风险管理体系离不开公司内部纵向和横向的沟通，甚至需要与公司外部关系人进行沟通。风险管理的每个环节，都深受企业文化的影响。不言而喻，开放、合作的氛围与办公室政治的氛围相比较，前者风险管理的开展条件就比后者有巨大优势。

企业员工对风险的重视程度直接影响风险管理的实施及效果。毕竟风

险管理不只是风险委员会的工作，而是全部职能部门和员工都在参与的管理活动。要通过对企业文化建设的引导，使员工真正理解风险管理的重要性，明确风险管理的目标，最终使"管理风险是每个人的工作"这一理念被公司大多数员工所认同。

因此，塑造良好的公司文化氛围，在公司文化中植入风险理念，可以为风险管理的开展打下坚实的基础。协助企业文化的建立，并加入风险导向，这也是风险管理委员会的职责所在。

3. 建立风险管理制度，制定并明确风险负责人的职责

风险管理不应仅仅是风险管理委员会的职责，而应是企业每一个员工的工作。风险管理涉及企业的方方面面：资金和资产保全部门、高级管理层、运营人员、法律顾问、内部审计部门等。因此，在风险管理过程中，各部门的协同合作尤为重要。风险管理委员会要通过制度建设，促成这种沟通和协作，最终使其变为企业文化的一部分。

此外，要制定并明确每个风险管理参与人员的职责，通过责任制和考核体系来调动员工参与风险管理的积极性，降低推行的阻力。

4. 合理分配风险管理资源，为风险管理过程提供保障

根据风险管理的实施活动，合理分配资源，确保风险管理的资金和人员到位。同时，要合理规划时间安排，将时间进度与工作强度和难度相匹配，避免出现为了短时间赶工期而不得不牺牲工作质量的无奈情况。

5. 制定风险管理措施

这项职责主要针对风险管理的实施，将风险控制在可接受的水平之内；建立风险管理流程，将风险管理活动整合到企业的经营业务流程之中。

风险管理的流程和活动应该与企业的经营业务活动形成有机的整体，而不是作为日常工作的附属流程，特别是风险应对中的内部控制措施，更是公司业务流程中不可或缺的一部分，用来控制运营风险的产生。

6. 监督风险管理的具体实施，并进行考核和评价，形成透明有效的监督机制和信息反馈机制

应该认识到，风险管理的过程本身就存在不确定性，也就是说存在风险，对这部分风险的控制就要靠对风险管理的监督来完成，监督的目的是确保风险管理过程高质量地完成，防止偏差的发生。在风险管理的各个阶段中都

容易出现偏差。例如，在风险识别阶段，可能出现与职能部门的沟通不足、风险因素的识别不全面；风险识别人员经验不足，对风险管理不熟悉；会前准备不充分，致使会议效果打折；会议组织不力，部分参会人员无法出席等偏差。

通过对风险管理的监督，并对其实施过程进行考核和评价，是保证风险管理落到实处、真正为企业创造价值的手段。此外，还要建立信息反馈机制，形成风险管理报告，建立信息系统和数据库，使管理层能够及时了解风险管理实施的过程和效果，并据此进行评估和改进。

7. 定义一致的风险语言，并在公司内推广使用

风险管理的运行过程，实质上是对公司的策略、流程、人力资源、知识、技术等的重组和整合，在此过程中，涉及方方面面的沟通和协作。每个人对事物的理解和认识是不同的，并且各个职能部门的员工在考虑风险的含义时，自然会从本部门的知识和经验出发来理解，这样一来，沟通不畅、交流错误就有可能发生。交流错误带来的损失有可能是企业所不能承受的，而且也本不应该承受的。因此，需要一种通用的、一致的风险语言来支持沟通，保证交流的准确通畅，促进交流和决策风险语言的统一，为风险管理提供了交流和沟通的平台，是风险管理过程中的基础要素。

对风险语言的统一工作，第一步就是风险管理委员会对风险管理过程中所涉及的术语、关键词等进行定义和统一，明确各种要素的范围及所指，避免理解差异。然后，在对员工进行风险管理教育和培训的过程中，将风险语言的教育融入其中，使员工理解并使用统一的风险语言。

第四节　风险管理的作用

风险是有成本的，而且这种成本会导致价值的降低，与目标相背离，所以需要进行风险管理。

一、风险管理有助于企业作出合理的决策

（一）企业划定了行为边界，约束其扩张的冲动

企业作为市场的参与者必须在风险和收益之间做出理智的权衡，从而避免将社会资源投入重大风险、缺乏实现可行性的项目中。风险管理对市场

参加者的行为起着警示和约束作用。

（二）风险管理也有助于企业把握市场机遇

通常，市场风险大都是双向的，既存在可能的风险损失，也存在可能的风险收益。因此，市场上，时刻都有大量风险的客观存在，同时也带来新的机遇。如果其能够洞察市场供求状况及影响市场的各种因素，预见市场的变化趋势，采取有效、科学的措施控制和防范风险，同时果断决策、把握机遇，就有可能获得可观的收益。

二、风险管理可以降低其效益的波动

风险管理的目标之一是降低公司收益和市值对外部变量的敏感性。例如，市场风险管理比较完善的公司，其股票价格就可以显示出较低的敏感性，不至于因为整体市场价格下跌，其股价市值造成大幅度的波动；手中持有外汇资产或负债的公司，如果在风险管理方面做得比较出色，就可以显示出其外汇资产的价值、收益或负债成本对市场汇率变动较低的敏感性，这些都是由实证得出的结论。总之，受到利率、汇率、能源价格和其他市场变量的影响，公司通过风险管理能更好地管理收益波动。

三、风险管理可以提升股东价值

积极进行风险管理的公司大都认同风险管理和经营最优化可以增加公司价值。风险管理不仅使个别公司增值，而且通过降低资本费用和减少商业活动的不确定性来支持经济的全面增长。

四、风险管理有助于提高公司机构效率

大多数公司都拥有风险管理和公司监督职能部门，如财务风险、审计及合规部等。此外，有的公司还有特别风险管理单位。例如，投资银行通常有市场风险管理单位，而能源公司则有商品风险管理经理。风险总监的任命和企业全面风险管理职能部门的设立，为各部门有效地开展工作提供了自上而下的必要协调。一个综合团队可以更好地处理的，不仅是公司面临的各个单独的风险，也应包括由这些风险之间错综复杂的关系构成的风险组合。

此外，随着市场体系和各种制度建设的日益完善，迫使企业进行风险管理的社会压力也日益增加。直接的压力来自于有影响的权益方，如股东、雇员、评级机构、市场分析家和监管机构等。他们都期望收益更有可预测性，

以避免和控制自己的风险以及减少对市场的破坏性。最近几年，随着经济计量技术和计算机模拟技术的迅速发展，基于波动率的模型，如风险价值模型和风险调整资产收益率模型，已经用来计量公司面临的各种市场风险，而且这一应用现在正在推广到信用风险及运营风险中。

第五章　内部控制体系构建

.

第一节　行政内部控制的组织机构

一、行政事业单位内部控制领导小组的建立

（一）建立领导小组的原因

1. 法律规定

单位负责人对本单位内部控制的建立健全和有效实施负责，从而要求每一个行政事业单位进行内部控制时，必须设置领导小组，并且要求单位负责人亲自去抓本单位的内部控制问题。

2. 单位内部控制工作部署的要求

行政事业单位内部控制是一个复杂的系统工程，包括了内部控制体系的设计、实施、监督与评价等工作的全过程，业务几乎覆盖了单位的每一个角落，必须运用到单位的人力、物力、财力等资源。因此，必须取得该单位最高领导层的充分支持。在此基础上，才能够让单位内部控制的工作部署得以更好地落实。

（二）建立单位内部控制领导小组的方法

本单位派出相关人员参加行政事业单位内部控制专题培训；

学习人员向本单位领导汇报行政事业内部控制专题培训情况，包括本次学习时间、学习的内容、学习的资料、学习的效果、主管部门在本次学习后提出的内部控制工作进度要求等；

取得单位领导层对本单位内部控制体系工作的支持；

通过领导层会议讨论，初步确定领导小组名单；

领导小组的人员一般包括本单位正职领导，其他副职领导若干名，本

单位各部门负责人，本单位纪检、审计、监察、财务、内控等人员。

领导小组的名单或者其他内容，可以在内部进行公示，进行意见征询；

确定本单位内部控制领导小组的名单，并以正式文件的形式最终予以确认；

本单位内部控制领导小组的名单，上报给主管部门备案，并报同级财政部门备案。

（三）本单位内部控制领导小组工作职责

单位领导小组是单位内控体系建设的最高权力机构，全面负责单位内部控制规范体系建设工作的实施；

单位领导小组要建立健全议事决策制度和规则；

建立单位内部控制规范实施机构；

建立单位内部控制规范监督检查机构和自我评价机构。

（四）本单位内部控制领导小组工作内容

单位内部控制领导小组全面领导本单位内部控制的主要工作，并负有最主要的领导责任，其工作主要包括下述内容：

本单位内部控制工作体系的设计；

本单位业务流程的梳理和调整；

本单位内部控制主要风险的评估；

研究并制订本单位内部控制的各种方案；

制定本单位内部控制的各种配套制度；

制定本单位内部控制建立与实施的监督检查制度；

制定本单位内部控制实施效果的自我评价制度；

制定本单位内部控制员工手册；

完成其他与本单位内部控制有关的工作。

（五）本单位内部控制领导小组的分工

分工应以内部通知的形式告知本单位所有人员；

组长领导和管辖内控小组的全面工作；

一名副组长负责领导一个小组进行本单位业务的调查和梳理，包括旧管理制度的收集和评估，以及新管理制度的修订和实施监督等；

一名副组长领导一个小组进行本单位业务内控情况的分析，进行内部控制体系的设计，并向本单位内控领导小组汇报；

一名副组长领导一个小组进行本单位业务流程和业务环节的风险分析，并提出风险应对的建议；

一名副组长领导一个小组进行本单位内部控制实施的监督检查；

一名副组长领导一个小组进行本单位内部控制实施的自我评价。

二、内部控制的实施执行组

（一）行政事业单位内部控制实施执行组的主要职责

对本单位内部控制领导小组负责，执行领导小组的工作安排；

负责领导、组织、协调本单位内部控制体系的建立实施与运行维护；

包括组建业务梳理分析组、风险评估组、制度完善组等。

（二）行政事业单位内部控制实施执行组的主要任务

建设本单位内部控制学习培训体系；

梳理本单位各项经济活动的流程与各环节的具体内容；

分析上述流程和环节的风险类别与风险点，形成风险数据库或者风险评估报告；

根据确定的风险完善业务流程，制定各个环节更完善的制度，包括内部控制单位层面控制制度和业务层面控制制度；

指导贯彻新制度的执行落实；

汇总所有建设成果，按相应层次编制成册，形成本单位内部控制规范管理手册；

接受本单位和内部控制监督机构的监督检查，接受本单位内部控制实施评价机构的评价，并对需要完善的地方进行整改；

接受财政、审计等部门对本单位内部控制实施的监督检查，接受社会中介机构对本单位内部控制实施的评价，并对需要完善的地方进行整改。

三、内部控制实施监督组和评价组

（一）行政事业单位内部控制监督组

1.行政事业单位内部控制监督组工作机制

组建日常监督小组；

安排内部审计，进行监督工作；

借助党委和纪检的工作成果进行监督；

借助单位内部的监察成果进行监督；

借助单位绩效考评的成果进行监督。

2. 建立和运行行政事业单位内部控制监督应注意的问题

监督部门应直接向内部控制单位领导小组汇报监督工作；

单位的监督工作必须与单位决策、执行相分离；

单位的监督工作必须与单位评价工作相分离；

单位的监督工作必须保持高度的独立性。

（二）行政事业单位内部控制评价组

1. 行政事业单位内部控制评价的主要内容

行政事业单位内部控制评价的主要内容可以分为两个层级要素。

第一层级要素包括组织架构、决策机制、执行机制、监督机制和协同机制等。

第二层级要素是在第一层级的基础上进行细分。比如，执行机制可以分为实施责任制度、分工职责制度、控制制度体系化等。

2. 建立和运行行政事业单位内部控制评价应注意的问题

单位内部评价部门应直接向单位内部控制领导小组汇报监督工作；

单位的评价工作必须与单位决策、执行相分离；

单位的评价工作必须与监督工作相分离；

单位的评价工作必须保持高度的独立性。

第二节　行政内部控制的学习培训体系

一、行政事业单位内部控制学习宣传体系

（一）分级业务培训

此类的专题培训包括下述几种：

1. 省级财政部门行政事业单位内部控制专题培训

省级行政事业单位内部控制专题培训，一般包括下述内容：

传达中央、财政部等关于行政事业单位内部控制的有关精神和要求；

本省行政事业单位内部控制建设推进概况；

本省各地市及县级行政事业单位内部控制推行与建设基本状况；

本省行政事业单位内部控期相关的会计基础工作规范基本状况；

本省政府综合财务报告制度、政府会计准则建设与实施状况；

本省会计人员综合素质基本情况；

与行政事业单位相关的法律法规、制度和业务知识培训。

2. 市级财政部门事业单位内部控制专题培训

省级行政事业单位内部控制专题培训一般包括下述内容：

传达中央、财政部、本省财政厅等关于行政事业单位内部控制的有关精神和工作要求；

本省和本市行政事业单位内部控制建设推进概况；

本市行政事业单位内部控制相关的会计基础工作规范基本状况；

本市政府综合财务报告制度、政府会计准则建设与实施状况；

本市行政事业单位内部控制先进单位的实施情况；

本市会计人员综合素质基本情况，与行政事业单位相关的法律法规、制度和业务知识培训；

对本市各区各县各直属单位推进行政事业单位内部控制的工作要求。

3. 区县级财政部门事业单位内部控制专题培训

区级、县级行政事业单位内部控制专题培训，一般包括下述内容：

传达本省、本市关于行政事业单位内部控制培训的各项内容、精神与要求；

介绍本地级市及其他县市行政事业单位内部控制先进单位的经验；

部署本区本县行政事业单位内部控制的工作推进要求；

相关行政事业单位内部控制知识体系的培训。

4. 本行业本系统内部控制专题培训

行政事业单位内部控制专题培训一般包括下述内容：

传达中央及本省关于行政事业单位内部控制的工作要求；

本行业的特点及本行业在内部控制中容易出现的问题；

本行业内部控制的重点和难点；

与行政事业单位内部控制相关知识体系的培训。

5.本单位内部控制专题培训

本单位行政事业单位内部控制专题培训一般包括下述内容：

传达本省、本县关于行政事业单位内部控制推进工作的要求；

传达本区本县或者其他区县行政事业单位内部控制先进单位的事迹；

与行政事业单位内部控制相关的知识体系培训；

本单位主要业务类型及其流程介绍；

本单位各业务环节的特点及其主要存在的风险；

本单位目前内部控制进展情况及今后工作的主要方向；

现场布置本单位内部控制的相关工作安排。

（二）自我学习

关于本单位的内部控制制度，每一个单位员工都应该积极主动参与其中的建设。因此，不断地对行政事业单位相关的知识体系加深学习，并结合本单位的实际情况提出自己的意见和建议，既是一种主人翁的权利，也是一种不容推卸的责任。

自我学习的途径包括下述几种：

1.专业书籍

可以通过向单位借阅，或者自我购买的方式来实现。

2.网络资料学习

可以通过查阅、下载等方式进行线上线下学习。

3.电视学习

通过看电视新闻的方式，主动掌握关于行政事业单位内部控制的最新动态。

4.行业内主流的报纸杂志

此类学习能使自己不断了解到相关专家的新观点、新动态，也能使自己的信息量与知识面得到不断扩展。

5.与他人交流学习

①自己组织学习小组，利用业余时间对相关内部控制的知识进行交流；②在工作中不断向他人请教学习，从而深化内部控制的相关知识；③通过短视频平台、QQ群、微信群、微博等方式，与他人交流学习行政事业单位内部控制的相关知识。

6.加入相关行业学习组织

比如，本区、本县组织的行政事业单位内部控制业务学习组织等。

二、行政事业单位内部控制知识体系学习的具体安排

行政事业单位必须安排本单位的内部控制的专题培训。

（一）组织学习时，可以按下面的人员分批进行

本单位所有人员全员学习；

本单位按职务层级分小组学习；

本单位按业务流程分类学习；

本单位按部门分别学习；

本单位按风险系统分别学习。

（二）制定学习的保障措施

制定本单位的学习制度；

落实安排本单位内部控制的学习时间。

（三）制定本单位内部控制学习的效果考核制度

即每个人必须注重学习的效果，以及学习之后如何在实际工作中加以应用，从而能从各个流程和环节加强并完善本单位的内部控制。

（四）本单位内容控制的宣传

本单位关于内部控制的建立和实施，首先要在本单位或者社会上进行一定的宣传，以期本单位内部控制的建立实施得到更好的效果。

第三节　行政内部控制的风险评估体系

一、行政事业单位业务流程梳理

在行政事业单位实行梳理和完善流程，是单位实现内部控制的目标基础和基本保证。

（一）业务流程梳理的原则

进行业务流程和业务环节的梳理，应注意下述原则：

1.依法依规原则

行政事业单位梳理业务，必须依据现行法律法规及相关规章制度和本单位的有效文件，对本单位的业务流程和环节进行全面梳理，并分类登记，

编制目录或者流程图等。

2. 全面性原则

单位的业务梳理，应该包括本单位所有的业务，对所有岗位所履行的职责、权限、运行程序的标准等逐项逐条进行全面梳理并细化。所要清理的内容包括机构人员设置、承办岗位职责、办理事项数量、事项法定依据、申办主体类别、事项办理条件、事项办理时限、监督考核细则等。

3. 风险导向原则

风险导向实际上是需要行政事业单位在梳理业务时，在每一个工作阶段有所侧重，以风险较高的流程和环节为导向。

4. 流程优化原则

流程优化要求单位在梳理业务流程的过程中及整理汇总业务流程和环节之后，对现有工作流程和环节进行优化再造，以便科学合理地设置行政职权，运行流程中的各个环节，简化办事程序。同一事项不得在同一单位两个及以上科室受理，实现办事程序最简、办事时限最短。

（二）业务流程梳理的内容

1. 厘清业务事项

依据本单位的"三定"方案，对本单位主要职责、内设机构及其主要职责人员编制和职责分工情况进行全面梳理。要厘清本单位职责范围内所有办文办会、行政审批、行政征收、行政执法、行政服务、日常事务等具体工作的大类和小类名称，并填报相关的梳理表。

2. 编制业务运行流程图

流程图要包括业务从发起到结束的整个流程。

3. 建立业务办理标准

要明确每一项具体工作的办理主体、办理依据、行政相对人类别、办理条件、申报材料、工作内容、办理流程，每一环节的承办岗位和办理时限，办理结果，密级，相关表单、证书、文件的式样，有无专门业务信息系统，以及监督考核规则、投诉举报途径和方式等。按照"简明清晰、详尽翔实"的原则，建立业务工作标准，实现本单位业务工作标准化、规范化。

4. 业务流程优化和再造

各个业务流程和环节，按最新的标准进行业务的优化和再造，以建立一个详细又高效的业务流程。

在进行业务分析和诊断的过程中，常用到的主要技术包括流程结构分析、流程环节分析、流程节点分析、流程管理分析等。

（三）业务流程梳理的步骤

在梳理组长的带领下，对现有业务流程和环节进行详细梳理。

要求本单位各部门安排一名精通业务的人员参加业务梳理的工作；

制定或填写业务流程表或者流程图；

检查业务流程表是否与现实流程一致；

对业务流程进行汇总，上报单位内部控制领导小组；

单位内部控制领导小组对业务流程进行分析，看看哪些流程需要进行修改或者完善；

对需要修改或者完善的业务流程进行重新设定，并经单位内部控制领导小组审核通过；

公布新制定的业务流程，再次征集单位内部所有工作人员的意见；

根据重新收集的意见，再次完善业务流程标准，并形成最终的业务流程方案；

向单位内部或者社会公布新的业务流程，并听取社会上的意见建议。

二、行政事业单位业务风险分析和风险评估

行政事业单位进行业务流程和环节的梳理后，建立本单位的风险分析和风险评估小组，对本单位的业务进行风险分析与评估。

在实际的单位内部控制工作中，风险分析和评估小组既要接受内部控制实施指挥组的工作领导，也应该接受内部控制领导小组的直接领导。

（一）建立风险分析与评估小组

1. 单位风险评估小组组长

单位的风险分析与评估小组是内部控制的一个关键点，应由单位领导担任风险评估小组的组长。

单位开展经济活动风险评估，应当成立风险评估工作小组，单位领导担任组长。

2. 单位风险评估小组副组长和组员

单位风险评估小组副组长应由内部控制实施指挥组组长担任，组员由内部控制领导小组的部分成员和其他部门负责人组成，并且要包括财务、监察、审计等关键岗位人员参与到风险分析与评估组中。

3. 风险分析与评估工作小组的主要职责

收集与风险评估相关的信息、资料，并进行分析研究；

拟订风险评估工作方案，报风险评估工作小组领导批准；

负责具体实施单位的风险分析与评估工作，协调各相关部门在风险评估工作中的关系；

负责指导和监督各部门开展风险评估工作；

汇总整理风险评估结果，拟订整改方案，形成风险评估工作报告并向风险分析与评估工作小组汇报；

汇总各类风险分析与评估结果及报告，向单位内部控制领导小组报告工作。

（二）单位风险产生的主要原因

内部控制不抓落实，停留在文字层面，内控意识薄弱；

单位内控机构不健全，缺乏内控管理人员；

重大事项的集体决策和审批制度执行不到位；

预算执行不力、缺乏有效的约束；

预算外资金监管不力；

缺乏完善有效的内控评价体系和责任追究体系；

内部控制信息化建设远滞后于现实需求。

（三）行政事业单位风险的分类

1. 按管理层级分类

行政事业单位风险按管理层级可以分为单位层面风险和业务活动层面风险。

（1）单位层面风险

包括组织机构风险、经济决策风险、人力资源管理风险、信息建设与管理风险。

（2）业务活动层面风险

包括预算管理风险、收支管理风险、政府采购管理风险、资产管理风险、建设项目管理风险、合同管理风险以及其他风险。

2. 按风险来源分类

行政事业单位按风险来源，可以分为外部风险和内部风险。

（1）外部风险

法律政策风险，是指行政事业单位在依法治国、依法行政进程中，单位在履行自身职责和提供公共服务的过程中，是否合法合规，是否满足各项监管要求。

经济风险，是指行政事业单位受经济形势、产业政策、融资环境、资源供给等经济因素，技术进步、工艺改进等技术因素，以及市场竞争、信用风险等市场因素影响而给单位带来的风险。

社会风险，是指行政事业单位受社会安全环境、文化传统、社会信用、教育水平、消费行为等社会因素影响而带来的风险。

自然环境因素，是指单位受自然灾害、环境状况等因素影响而带来的风险。

（2）内部风险

管理风险，即行政事业单位因机构设置、管理方式、资产管理、业务流程等管理因素影响而产生的风险。

道德风险，是指行政事业单位内部因道德教育等因素导致的风险。

财务风险，是指因各种因素导致单位不能偿还到期债务、资金无法保障等风险。

安全环保风险，是指行政事业单位因营运安全、员工健康、环境保护等因素影响而产生的风险。

（四）对本单位的业务进行风险评估

1. 风险评估的程序

（1）设定目标

本单位涉及的各类业务流程和环节，均作为评估目标，纳入评估范围。

（2）风险识别

利用上述第四点——安全环保风险的方法判定风险的大小及危害程度等。

风险识别的方法主要有下述几种：

风险清单法，指行政事业单位由专业人员设计标准表格和问卷，受访者对清单上的问题——作答，然后判别出单位风险的方法。

财务报表分析法，是指对行政事业单位的财务报表进行结构分析和趋势分析，以及对外的对标单位进行对比分析，从而发现风险的方法。

流程图法，是指绘制单位的业务流程与业务环节的流程图，对流程图进行分析，从而发现风险的方法。

头脑风暴法，是指通过会议进行小组讨论，从而直接分析判断某些流程或者环节是否存在风险的方法。

实地检查法，是指对行政事业单位的工作流程和各环节，进行实地的检查，从而发现是否存在风险的方法。

文件审查法，是指对行政事业单位的文件，包括"三定文件"、内部管理制度、领导会议记录、工作计划、财务报告等，进行系统和结构性审查，从而判断是否存在风险的方法。

（3）风险分析

利用风险分析评估方法进行风险分析与评估。

（4）风险应对

对本单位所存在的风险，提出各种风险解决方案。风险应对的策略有风险规避、风险降低、风险分担和风险承受四种。

2.风险分析评估方法

（1）定性评估法

定性评估不对危险性进行量化，只做定性的比较，通过有关人员的观察分析，借助有关法规、标准、规范、经验和判断能力进行评估。

①问卷调查法

根据行政事业单位运行中可能出现的风险，设计问卷调查表，对流程与环节、风险的负责人、管理层进行风险评估问卷调查。

问卷调查以不记名方式进行，从而更容易识别较多管理层不清楚的风险问题。

②集体讨论法

集体讨论法由专人主持研讨会，以集体讨论的方式进行，由风险的负责人和管理层参与。

集体讨论可以让所有与会者能够对风险得到共同的理解，可以为不同的意见交流提供平台。

③专家调查法

由调查者拟定调查表，按照规定程序，向专家组成员征询意见。专家组成员采用匿名方式发表意见，经过反复征询、归纳、反馈和修改，使专家组成员的意见逐步趋于集中，最后获得具有很高准确率的集体判断结果，以此作为预测结果。

（2）定量评估法

定量评估是对风险进行量化，主要依靠历史统计数据，运用数学方法构造数学模型，进行评估。

定量评估法分为以下三种：

概率评估法，是根据风险基本因素的发生概率，应用概率分析方法，求取整项业务风险发生的概率；

数学模型计算评估法，主要是应用软件来实现；

相对评估法，是评估者根据经验和个人见解制定一系列评分标准，然后按危险性分数值评估风险。

三、风险应对策略

（一）风险应对策略方法

1. 风险规避

风险规避是指行政事业单位某项业务或事项风险发生的可能性大，并且风险发生的不利后果严重，应主动放弃或停止该活动，从而避免损失的一种风险应对策略。

风险规避策略是相对消极的风险应对策略，选择这一策略意味着放弃可能从风险中获得的收益，因此，应当谨慎选择这一策略。

规避风险的办法包括下述几种：①通过单位政策、限制性制度和标准，阻止高风险的经营活动、交易行为、财务损失和资产风险的发生；②通过重新定义目标，调整战略及政策，或重新分配资源，停止某些特殊的经营活动；③审查投资方案，避免采取导致低回报、偏离战略以及承担不可接受的高风险的行动；④通过出售、清算、剥离某个产品组合或业务，规避风险。

2. 风险降低

风险降低包括风险预防和风险抑制。

（1）风险预防是指在风险事故发生之前，采取消除风险因素的措施，达到降低风险发生概率、减轻潜在损失的目的。

（2）风险抑制是指单位针对不愿完全规避又无法顺利转移的风险，采取各种控制技术和方法来减少风险事故发生后的不利影响和损失，包括：①风险分散，指通过增加风险单元的数目，将特定风险在较大范围内进行分散，以此减少单个风险单元的损失；②风险复制，指企业对某些资产或设备进行备份，在原有资产或设备不能正常使用的情况下，动用这些复制品。

3.风险分担

风险分担是指行政事业单位与其他单位共担风险。

风险分担包括下述几种方法：

（1）业务分包

业务分包是指将带有风险的活动转交给其他企业或个人来完成，从而达到分担风险的目的。

（2）购买保险

购买保险是指将未来将要发生的风险转移给保险公司，将不确定的损失转变为确定的成本（即保费支出）。

（3）出售

出售是指通过买卖契约将其风险转移给其他方的方法，随着所有权的转移，原由其承担的风险也随之转移。

4.风险承受

风险承受是指单位不采取任何措施来干预风险发生的可能性和影响。单位对风险承受度之内的风险，在权衡成本效益之后无意采取进一步控制措施的，可以采用风险也承受策略。

（二）风险应对策略的选择

1.行政事业单位风险应对策略的选择原则和适用范围

行政事业单位应根据自身所处的发展阶段、业务拓展、整体风险承受度等实际情况，对风险进行识别、分析，在权衡成本效益的基础上，选择合适的应对策略；

单位在选择或调整风险应对策略时，应当采用风险组合观。风险组合观要求单位在管理风险时，应当着眼于单位整体层面，致力于将风险控制在总体风险承受度范围之内；

风险规避策略适用于采用其他任何风险应对策略都不能将风险降低到其风险承受度以内的情况；

风险降低和风险分担策略，则是通过相关控制措施，将企业的剩余风险与风险承受度保持一致；

风险承受则意味着风险在单位可承受范围之内。

2. 选择风险应对策略时的关注重点

行政事业单位在选择风险应对策略时，需着重关注以下情况：

单位通过风险分析了解风险的重要性水平，针对不同的风险级次分别选择应对策略；

风险应对策略的选择必须能将单位的剩余风险控制在单位的风险承受度以内；

风险应对策略的选择必须在技术和资源上具有可行性；

风险应对策略的选择必须权衡成本与效益；

风险应对策略的选择应该考虑不同岗位人员的风险偏好，避免出现因个人风险偏好给单位整体战略和经营带来损失。

（三）制定本单位风险应对策略的方法

1. 制定风险应对策略

对本单位的业务流程与环节进行梳理；

对风险做定性或者定量分析；

收集某流程或者某项目准备采取风险应对的依据；

暂时确定几种可能采取的风险应对策略；

风险应对策略的决策参与者对风险应对策略的选择进行详细的分析讨论，选择最佳方案；

决策组制订详细的风险应对方案。

2. 制订风险应对计划的依据

国家法律法规；

本单位的风险管理体系文件，内容包括单位行政管理文件、岗位职责制度、资产管理制度、人力资源管理制度、风险分析制度等；

风险分析后更新的风险清单。

风险清单最初在风险识别过程中形成，在风险定性和定量分析中进行更新，风险清单包括已识别的风险，风险的描述，受影响的项目领域、原因，以及它们可能怎样影响项目目标。

3.风险应对方案包括的主要内容

需要应对的风险清单，风险清单包括已识别的风险、风险的描述、受影响的项目领域、原因，以及它们可能怎样影响项目或者流程目标；

要求实施方案的引发因素；

本风险发生的征兆和预警信号；

形成一致意见的应对措施，在制订风险应对计划过程中，要选择好适当的应对策略，就策略形成一致意见；

实施所选应对策略采取的具体行动；

明确风险应对方案各步骤的管理人和具体的责任；

实施所选应对策略需要的预算和进度计划，并且设计好预留时间和费用，用于不可预见事件；

设计退出或者调整计划，作为对原来的应对策略被证明不当一种反应。

4.制订本单位风险应对计划时应注意的问题

所计划的风险应对措施必须与风险的重要性相符；

选择更低成本的风险应对策略；

风险应对策略的制定要及时。

第六章 内部业务控制

第一节 预算业务控制

一、预算业务控制的目标与内容

预算作为行政事业单位的核心管理业务，是指行政事业单位根据事业发展计划和任务编制的年度财务收支计划，包括财务收支规模、结构和资金来源渠道等，是财务管理活动的基本依据。预算既是明确事业目标和任务的一种形式，也是行政事业单位业务活动控制的重要基础和手段，业务活动都要以预算为基础进行。预算将公共服务目标转化为单位内部各部门、各岗位以至个人的具体行为目标，作为单位开展收支业务、采购业务、资产管理等经济活动的约束条件，能够从根本上保证行政事业单位内部控制目标的实现。所以，加强预算控制，规范预算编制、审批、执行、决算与评价，是加强行政事业单位内部控制管理的必不可少的内容和手段。

虽然预算本身就有控制功能，但也要重视对预算业务过程的控制，以保证实现预算管理目标，发挥预算的控制作用。单位预算业务或预算管理应在财政部门预算管理的整体框架和要求范围内，结合自身业务特点而展开。在遵循财政部门预算批复的口径与规则的基础上，应对财政部门预算在本单位内部进行分解和细化，明确完成工作任务的预算实施部门和实现方式，并通过具体的支出事项来体现，实现预算目标。正常情况下，行政事业单位应坚持"量入为出、统筹兼顾、确保重点、收支平衡"的总原则，采取目标责任制的预算管理方式，对单位内部预算的编审、批复、执行、追加、调整、决算考评等进行全过程管理。

二、组织与岗位控制

（一）预算管理组织机构

一般单位预算管理实行"标准统一、归口统筹、集体决策、分级执行"的层级管理形式，具体划分为预算决策机构、预算日常管理机构及单位内部预算实施机构三个层级的预算管理组织体系。

单位领导办公会议是单位预算决策机构，也有单位专门设置预算管理委员会作为预算决策机构。其主要职责是：决定单位预算管理政策，提出年度预算编制总体目标和总体要求，研究审定单位财务预决算、重大项目立项和经费分配使用计划，听取预决算执行情况分析报告。

单位财务部门是单位预算日常管理机构，在总会计师或分管领导的领导下开展预算管理的日常工作。财务部门可能会设置专门机构，如预算科或预算组，其主要职责包括：负责单位预算日常管理的组织协调工作；审核汇总年度预算、决算草案，负责年度预算调整和追加方案；根据财政预决算批复，按相关规定做好预决算及相关财务数据向社会公开工作；对年度预算执行情况进行分析、考核和检查，通报督办各单位预算执行情况，编写单位预算执行分析报告等。

（二）预算日常管理机构——财务部门预算岗位要求

财务部门应根据上级布置的工作目标和单位的发展规划，牵头并组织预算工作的开展，这一工作涵盖预算管理的完整过程（编制、实施、控制、调整、分析、考核）；牵头制定全面预算管理办法，制定预算定额，编制预算编制指导意见，编制单位的总预算，分解单位预算，编制决算报告。

财务部门应设置预算科或预算组来负责预算的日常管理。财务部门从事预算管理的人员应熟悉财政部门及单位的预算管理政策，还应了解单位具体的业务活动，也就是既懂财务也熟悉业务，这样才能准确把握预算编制和执行的真实性和合理性。鉴于预算管理岗位的重要性，应设置必要的岗位胜任条件。

为确保预算控制的有效性和目标的实现，预算管理中应考虑不相容岗位问题，如预算编制方案的制订与审核、预算的编制与审批、预算的审批与执行、预算的编制与执行、预算的编制与调整、预算的执行与评价、预算的评价与考核、预算的执行与监督等。

三、预算编制与审核

预算编制是行政事业单位预算管理的起点。单位预算既取决于单位的业务活动目标，也取决于单位所获取的资源。既要依据以前发生的经济活动，又要合理规划未来的业务活动规模，实现财务对业务的支撑和管理。

（一）科学测算，形成合理的预算数据

在预算编制过程中要以业务计划为依据，注意单位内部各部门间的沟通协调，预算编制与资产配置相结合，预算指标能与具体工作一一对应。同时，预算编制应在上年度财政收支数据的基础上，根据本单位各部门（下属单位）上报的业务工作计划，对本年度单位财政收支的规模和结构进行预计和测算。单位预算管理部门依据财政预算编报要求，统一部署预算编报工作。各单位按照规定的预算编报职责、预算编制标准，以及下一年度工作安排，提出预算建议数以及基础申报数据，经单位领导班子审核后，向上级提交。

（二）预算编制逐级审核

各预算单位按照预算编报职责、预算编制标准提出预算建议数以及基础申报数据后，按规定的报送方式，提交至预算管理部门。预算管理部门应对提交的预算建议数和申报数据进行初审，并进行汇总形成预算建议数，交财务部门负责人审核后，提交单位领导审定。单位领导审定后，预算管理部门应按同级财政部门或上级部门规定的格式及要求，报送审核。由于我国政府预算编制时点、人大的审批程序和审批时点的限制，预算编制无法完全与实际业务收支保持一致，难以要求预算编制具有高度的准确性，但事先合理预测可适度弥补。

（三）预算编制归口审核

预算编制可实行归口部门负责的方式，根据单位内部职责划分，既可以由归口部门负责组织对本单位归口职责范围内的业务事项进行预算的编制与审批，也可以采取归口部门只针对业务部门的预算事项进行专业性审核的方式。如人事部门负责统筹管理并审核批复本单位出国预算；信息化部门可以负责统管并组织编制、审批本单位所有信息化建设项目的预算，也可以只负责对本单位所有业务部门的信息化项目预算方案中的技术方案和预算金额进行专业审核。归口审核主要是对预算事项方案的可行性、计划的科学性、金额的合理性发表专业性审核意见。

（四）预算编制中的第三方审核

对于建设工程、大型修缮、信息化项目和大宗物资采购等专业性较强的重大事项，可以在预算编审阶段采取立项评审的方式，对预算事项的目的、效果和金额等方面进行综合立项评审。委托外聘专家和机构等第三方进行外部评审，更有利于保证预算的合理性。

四、预算执行控制

预算执行控制环节的主要风险是：缺乏严格的预算执行授权审批制度，可能导致预算执行随意；预算审批权限及程序混乱，可能导致越权审批、重复审批，降低预算执行效率和严肃性；预算执行过程中缺乏有效监控，可能导致预算执行不力，预算目标难以实现；缺乏健全有效的预算反馈和报告体系，可能导致预算执行情况不能及时反馈和沟通，预算差异得不到及时分析，预算监控难以发挥作用。预算执行中的主要控制措施有：

（一）加强对预算执行的管理

根据批复的预算安排各项收支，明确预算执行审批权限和要求，落实预算执行责任制，确保预算严格有效地执行。

（二）加强对预算收入和支出的管理

及时组织预算资金收入，严格控制预算资金支出，不得截留或者挪用应当上缴的预算收入，不得擅自改变预算支出的用途。严格控制超预算支付，调节预算资金收付平衡，防范支付风险。

（三）严格资金支付业务的审批控制

及时制止不符合预算目标的经济行为，确保各项业务和活动都在授权的范围内运行。单位应当就涉及资金支付的预算内事项、超预算事项、预算外事项建立规范的授权批准制度和程序，避免越权审批、违规审批、重复审批现象的发生。对于预算内非常规或金额重大事项，应经过较高的授权批准层审批。对于预算执行申请额度超过本部门可执行预算指标的情况，应先按预算追加调整程序办理可执行预算指标的申请。执行申请经业务负责人审批后，才能交归口部门审核。

（四）建立预算执行实时监控制度

及时发现和纠正预算执行中的偏差。建立预算执行分析机制，定期通报各部门预算执行情况，召开预算执行分析会议，研究解决预算执行中存在的问题，提出改进措施，提高预算执行的有效性。

（五）建立重大预算项目特别关注制度

对于重大预算项目，应当建立预算管理项目库，密切跟踪其实施进度和完成情况，实行严格监控。对于重大的关键性预算指标，也要密切跟踪、检查。

（六）建立预算执行情况预警机制

科学选择预警指标，合理确定预警范围，及时发出预警信号，积极采取应对措施。单位应当推进和实施预算管理的信息化，通过现代信息技术手段控制和监控预算执行，提高预警与应对水平。

（七）控制预算调整

引导预算编制的可行性和合理性。预算调整是指在年度预算执行过程中，由于发生不可抗力、上级部门政策调整、临时工作安排等不可预见因素造成的新增加预算、超过原预算或预算明细更改调整的过程。实际中预算调整不可避免，但预算调整应确保调整程序的规范和完整，不能因简化程序而出现控制漏洞。确因政策性和不可预见因素需作预算调整的，应严格按规定程序，提交预算追加、调整方案报单位财务部门和业务归口部门，经领导审批后，以单位名义拟文报相关政府部门或财政部门进行申请。

预算调整环节的主要风险是：预算调整依据不充分、方案不合理、审批程序不严格，可能导致预算调整随意、频繁，预算失去严肃性和"硬约束"。为此，在有关预算管理制度中应明确预算调整的原则条件，一是预算调整应当符合单位发展规划、年度管理目标和现实状况，重点放在预算执行中出现的重要的、非正常的、不符合常规的关键性差异方面；二是预算调整方案应当客观、合理、可行，在经济上能够实现最优化；三是预算调整应当谨慎，调整频率应予以严格控制，年度调整次数应尽量少。

执行中应规范预算调整程序，严格审批。调整预算一般由预算执行单位逐级向单位领导、办公会议提出书面申请，详细说明预算调整理由、调整建议方案、调整前后预算指标的比较、调整后预算指标可能对单位预算总目标的影响等内容。单位财务部门应当对预算执行单位提交的预算调整报告进行审核分析，集中编制单位年度预算调整方案，提交预算管理委员会。单位预算管理委员会审批预算调整方案时，应当依据预算调整的原则和条件，对于不符合预算调整条件的，坚决予以否决；对于预算调整方案欠妥的，应当协调有关部门和单位研究改进方案，并责成单位财务部门予以修改后再履行审批程序。

五、预算考核控制

预算考核是指在决算之后，依据决算结果对执行情况进行考评，对立项审核、批复、执行的过程进行综合评价，主要考核预算业务目标和实际执行过程及结果的一致性。

预算考核环节的主要风险是：预算考评机制不健全或未得到有效实施，可能导致预算执行结果不理想；预算考评不严格、考核过程不透明、考核标准不合理、考核结果不公正，可能导致奖惩不到位，严重影响预算目标的实现，使预算管理流于形式。

针对预算考核的相关风险，可以通过建立健全预算执行考核制度，合理界定预算考核主体和考核对象来进行控制。

建立健全预算执行考核制度。一是建立严格的预算执行考核制度，对各预算执行单位和个人进行考核，将预算目标执行情况纳入考核和奖惩范围，切实做到有奖有惩、奖惩分明；二是制定有关预算执行考核的制度或办法，并认真、严格地组织实施；三是定期组织实施预算考核，预算考核的周期一般应当与年度预算细分周期相一致，即一般按照月度、季度实施考评，预算年度结束后再进行年度总考核。

合理界定预算考核主体和考核对象。预算考核主体分为两个层次：预算管理委员会和内部各级预算责任单位。预算考核对象为单位内部各级预算责任单位和相关个人。界定预算考核主体和考核对象应当主要遵循以下原则：一是上级考核下级原则，即由上级预算责任单位对下级预算责任单位实施考核；二是逐级考核原则，即由预算执行单位的直接上级对其进行考核，间接上级不能隔级考核间接下级；三是预算执行与预算考核相互分离原则，即预算执行单位的预算考核应由其直接上级部门来进行，自己考核自己往往流于形式。

预算考核是大部分单位预算管理和预算控制的软肋，由于此环节的弱化，导致预算失去激励作用，致使无法利用人的主动性去促进提高预算执行效果，这应该也是管理的不足。应该可以看到，凡是预算考核做得好的单位，预算编制和预算执行也都做得好，结果导向与过程管理的有效结合是保证预算控制有效性的必然途径。

第二节　收入业务控制

一、事业单位收入的主要内容

事业单位收入是事业单位为开展业务及其他活动依法取得的非偿还性资金。事业单位的收入具有来源渠道多的特点，主要包括财政补助收入、事业收入、上级补助收入、附属单位上缴收入、经营收入和其他收入等。需要注意的是，有代收上缴非税收入的事业单位，其上缴国库或者财政专户的资金也应纳入事业单位收入业务的管理范围。

（一）财政补助收入

即事业单位从同级财政部门取得的各类财政拨款，包括基本支出补助和项目支出补助。

（二）事业收入

即事业单位开展专业业务活动及其辅助活动取得的收入。其中，按照国家有关规定应当上缴国库或者财政专户的资金，不计入事业收入；从财政专户核拨给事业单位的资金和经核准不上缴国库或者财政专户的资金，计入事业收入。

（三）上级补助收入

即事业单位从主管部门和上级单位取得的非财政补助收入。

（四）附属单位上缴收入

即事业单位附属独立核算单位按照有关规定上缴的收入。

（五）经营收入

即事业单位在专业业务活动及其辅助活动之外开展非独立核算经营活动取得的收入，一般采用权责发生制确认收入。

（六）其他收入

规定范围以外的各项收入，包括投资收益、利息收入、捐赠收入等。

采用权责发生制确认的收入，应当在提供服务或者发出存货，同时收讫价款或者取得索取价款的票据时予以确认，并按照实际收到的金额或者有关票据注明的金额进行计量。

二、收入业务控制的目标和内容

收入业务控制是行政事业单位加强财务管理，促进单位整体事业目标实现的基础业务，其目标通常包括：①各项收入符合国家法律法规的规定；②各项收入核算准确及时，相关财务信息真实完整；③单位应收款项管理责任明晰，催还机制有效，确保应收尽收；④各项收入均应及时足额收缴，并按规定上缴到指定账户，没有账外账和私设"小金库"的情况；⑤票据、印章等保管合理合规，没有因保管不善或滥用而产生错误或舞弊。

收入业务中可能存在的风险包括：①收入业务岗位设置不合理，岗位职责不清，不相容岗位未实现相互分离，导致错误或舞弊的风险；②各项收入未按照收费许可规定的项目和标准收取，导致收费不规范或乱收费现象发生；③违反"收支两条线"管理规定，截留、挪用、私分应缴财政的资金，导致私设"小金库"和资金体外循环；④未由财会部门统一办理收入业务，缺乏统一管理和监控，导致收入金额不实，应收未收，单位利益受损；⑤票据、印章管理松散，没有建立完善的制度，存在收入资金流失的风险。

为应对风险，行政事业单位收入业务通常设置以下几方面的控制：①收入业务岗位控制——对收入业务岗位职责、权限范围、工作要求等内容进行控制，避免收入审批与管理中违法行为的发生；②收入业务授权审批控制——对收入项目、来源依据等内容进行控制，按特定的渠道进行分工管理，避免单位不合法、不合理的收入项目出现；③收入票据控制——对票据的入库、发放、使用、销号、结存等环节进行控制，避免违规使用票据的情况发生；④收入执行控制——对收入经费的征收、管理、账务处理等环节进行控制，严防单位收入流失。

三、收入业务岗位控制

单位的各项收入应当由财会部门归口管理，统一进行会计核算，及时、完整地记录、反映单位的收入业务。收入应当全部纳入单位预算，严禁设置账外账和"小金库"。业务部门应当在涉及收入的合同协议签订后及时将合同等有关材料提交财会部门作为账务处理依据，确保各项收入应收尽收，及时入账。

收入业务执行过程中，如果存在职责分工不明确、岗位责任不清晰、权限设置不合理、关键岗位权力过大、监督审核缺少等情况，就极易产生错误及徇私舞弊的现象。如果收入业务岗位、会计核算岗位、资金收付岗位缺少相互牵制，就容易产生坐收坐支或挪用公款等具体问题，从而引发收入流失和资金使用的风险。

单位应当合理设置岗位，明确相关岗位的职责权限。收入业务的不相容岗位至少包括收入预算的编制和批准、票据的使用和保管、收入的征收与减免审批、收款与会计核算等。行政事业单位应通过明确划分职责权限设置岗位，加强岗位之间的相互制约和监督，以达到事前防范、事中控制，防止差错和舞弊，预防腐败。

四、收入业务授权控制

目前行政事业单位的财务审批权有过于集中的缺点，并且缺乏必要的监督。授权审批环节执行不严格，如经办部门负责人、主办会计和分管财务负责人没有严格按程序和权限审批并签章，或部门负责人不对收费申请进行认真审批、不严格审核收费过程的合规性，就容易造成收费环节的风险。

行政事业单位收入业务授权审批控制是针对财政补助收入、事业收入、上级补助收入、附属单位上缴收入、经营收入和其他收入等实施的控制措施。

有政府非税收入收缴职能的行政事业单位，应当按照规定项目和标准征收政府非税收入。非税收入是单位依法使用政府权力、政府信誉、国家资源、国有资产或提供特殊公共服务、准公共服务取得的并用于满足社会公共需要或准公共需要的财政资金。非税收入包括行政事业性收费、政府性基金、国有资源有偿使用收入、国有资产有偿使用收入、国有资本经营收益、彩票公益金、罚没收入、专项收入等。

行政事业单位针对行政事业性收费、政府性基金、国有资产、资源收益、罚没（罚金）收入、代结算收入等的授权审批流程是不同的。

对行政事业性收费，执收人员向缴费义务人开具非税收入管理局统一监制的收费通知或决定。

对经常性收费（含政府性基金、国有资产、资源收益等），执收人员向缴费义务人开具非税收入管理局统一监制的收费通知或决定。

对罚没（罚金）收入，执收人员对违法人员送达行政处罚决定书。

对代结算收入（暂扣款、预收款、保证金、诉讼费等），执收人员向缴费义务人开具收费通知。

收费人员对收费项目和收费标准进行审核并开具非税收入缴款书。

缴款义务人将款项缴入非税收入汇缴结算户；缴款义务人如对收费通知、决定有异议，可以依法申请行政复议或行政诉讼，但复议或诉讼期间，不停止执行。

减征、免征非税收入的，或缴费义务人因特殊情况需要减征、免征非税收入的，需要遵循以下授权审批流程：

具体过程是首先由缴款义务人提出申请，申请书应注明减免理由及相关法律法规及政策规定，并附有特殊情况的有关证明材料；其次由执收人员填制行政事业收费减免审批表，并签署是否同意减征、免征、缓征的意见；最后经单位审批同意，分别报非税收入管理局以及同级财政部门审批后，方可由执收人员办理减免应缴纳的非税收入。

事业性收费应进行分户分类核算，在月末按收费款项划入国库和财政专户，并按月向财政国库部门报送收费进度表。单位依法收取的代结算收入符合返还条件的，由缴费义务人提出返还申请，征收主管签署意见，并经财政部门审核确认后，通过非税收入汇缴结算户直接返还交款人。依照法律法规规定确认为误征、多征的非税收入，由缴款义务人提出申请后，经由财政部门确认，通过非税收入汇缴结算户及时、足额、准确地退还给缴款义务人。已划至国库或财政专户的，则由国库或财政专户直接退付。

五、收入核算控制

（一）票据申领

行政事业单位应按照规定的手续进行财政票据、发票等各类票据的申领，征收非税收入的票据应当由出纳人员从非税收入管理部门统一领购。

（二）票据启用

行政事业单位应当按照规定建立票据台账并设置专门管理票据的人员，做好票据保管和序时登记工作。票据应按照顺序号使用，不得拆本使用，作废票据也要做好管理。负责保管票据的人员要配置单独保险柜等保管设备。

在非税收入票据启用前，单位应先检查票据有无缺联、缺号、重号等情况，一经发现应及时向非税收入管理部门报告；单位按上级有关规定从上级主管部门领取专用票据，经同级非税收入管理部门登记备案后方能使用。

（三）票据保管与使用

行政事业单位应建立票据台账，全面、如实登记、反映所有票据的入库、发放、使用、销号、结存情况。票据台账所反映的票据结存数必须与库存票据的实际票种及数量一致；对票据进行定期盘点，盘点时应有出纳人员以外的人员参加，确保未使用票据的安全。

行政事业单位应严格执行票据管理的相关规定，不得违反规定转让、出借、代开、买卖财政票据、发票等票据，不得擅自扩大票据适用范围。设立辅助账簿对票据的转交进行登记；对收取的重要票据，应留有复印件并妥善保管；不得跳号开具票据，不得随意开具印章齐全的空白支票。

（四）票据核销与销毁

行政事业单位应按规定程序对财政票据、发票等各类票据进行核销与销毁。因填写、开具失误或其他原因导致作废的票据，应予以保存，不得随意处置或销毁。对超过法定保管期限、可以销毁的票据，在履行审批手续后进行销毁，但应当建立销毁清册并由授权人员监销。

执收人员开具非税收入票据时，应做到内容完整，字迹工整，印章齐全。非税收入票据因填写错误而作废的，应加盖作废戳记或注明"作废"字样，并完整保存其各联，不得私自销毁。对于丢失的非税收入票据，应及时登报声明作废，查明原因，并在规定时间内向非税收入管理局提交书面报告；作废的非税收入票据和保管五年以上的票据存根的销毁，应经单位负责人同意后，向非税收入管理部门提出销毁申请，非税收入管理部门审核同意后销毁。

第三节　支出业务控制

一、行政事业单位支出的主要内容

行政事业单位支出是指事业单位开展业务及其他活动时发生的资金耗费和损失，包括事业支出、对附属单位的补助支出、上缴上级支出、经营支出和其他支出等。

（一）事业支出

即行政事业单位开展专业业务活动及其辅助活动发生的基本支出和项目支出。基本支出是指行政事业单位为了保障其正常运转、完成日常工作任务而发生的人员支出和公用支出。项目支出是指行政事业单位为了完成特定工作任务和事业发展目标，在基本支出之外所发生的支出，主要指的是购置专用设备支出。

（二）对附属单位的补助支出

即行政事业单位用财政补助收入之外的收入给予附属单位补助所发生支出。

（三）上缴上级支出

即行政事业单位按照财政部门和主管部门的规定上缴上级单位的支出。

（四）经营支出

即行政事业单位在专业业务活动及其辅助活动之外开展非独立核算经营活动发生的支出。

（五）其他支出

即本条上述规定范围以外的各项支出，包括利息支出、捐赠支出等。

行政事业单位的支出通常结合单位经济活动业务特点、管理要求进行分类，如某事业单位经费支出分为人员经费、基本机构运转业务经费、重点管理经费（"三公"经费）、基本建设项目经费、工程修缮经费、信息化项目经费、购置项目经费和专项业务经费八大类。

二、支出业务控制的目标和内容

支出业务控制是行政事业单位内部控制的重要内容，支出业务控制的目标主要包括：①各项支出符合国家相关法律法规的规定，包括开支范围和标准等；②各项支出符合规定的程序与规范，审批手续完备；③各项支出真实合理；④各项支出的效率和效果良好；⑤各项支出得到正确核算，相关财务信息真实完整。

（一）支出业务岗位控制

合理设置岗位，确保不相容岗位分离。

（二）支出审批控制

明确相关部门和岗位的职责权限，确保办理支出业务的不相容岗位相互分离、制约和监督。

（三）支出审核控制

全面审核各类单据。重点审核单据来源是否合法，内容是否真实、完整，使用是否正确，是否符合预算，审批手续是否齐全。

（四）支付控制

明确报销业务流程，按照规定办理资金支付手续。签发的支付凭证应当进行登记。使用公务卡结算的，应当按照公务卡使用和管理的有关规定办理业务。

（五）支出核算和归档控制

由财会部门根据支出凭证及时、准确登记账簿；与支出业务相关的合同等材料应当提交财会部门作为账务处理的依据。

三、支出业务岗位控制

单位应当按照支出业务类型，明确内部审批、审核、支付、核算和归档等支出各关键岗位的职责权限。实行国库集中支付的，应当严格按照财政国库管理制度的有关规定执行，确保支出申请和内部审批、付款审批和付款执行、业务经办和会计核算等不相容岗位相互分离。支出业务不相容岗位还应延伸考虑：人员管理与人员支出管理；人员费用的审批与发放；支出预算的执行与监督；支出内部定额的制定与执行；支出的审核、批准与办理。

四、支出业务审批控制

行政事业单位在确定授权批准的层次时，应当充分考虑支出业务的性质、重要性、金额大小。预算内的一般支出可以由部门负责人或分管领导审批，但预算内的重大开支则需要单位负责人审批才能报销；预算外的重大支出需要经行政事业单位管理层集体决策，并且要对预算外支出严格控制。行政事业单位管理层如果只有审批权力，但不负担审批责任，就会形成违规审批、越权审批、争相审批、审批过多、过滥等风险。

行政事业单位应当按照支出业务的类型，明确内部审批、审核、支付、核算和归档等支出各关键岗位的职责权限，明确支出业务的内部审批权限、程序、责任和相关控制措施。审批人应当在授权范围内审批，不得越权审批。行政事业单位主管领导负责单位支出相关管理制度和文件的审批，参与内部定额修改方案的集体审批，负责审阅向上级单位或财政部门提供的分析报告。实行国库集中支付的，应当严格按照财政国库管理制度的有关规定执行。

五、支出业务审核控制

部分行政事业单位在实际业务中存在部门负责人随意审核开支的现象，对报销的经办人员缺少应有的监管，造成经办人员在报销单据中虚报支出；分管财务负责人在审核过程中见到领导签字就直接批复，不审核所报销资金的真实性、合法性。行政事业单位支出审核不严谨，缺乏有效的监控体系，财务人员对审核标准的理解不准确、新文件新规定下达不及时等因素，往往造成支出审核风险。

（一）审核原始发票内容的真实性

对原始发票内容真实性的审核主要包括以下内容：一是审核原始发票内容是否真实，如验证票据所写的单位名称是不是本单位的名称；二是验证票据有没有少购多开、无购虚开的现象；三是检查发票的格式是否符合国家的规定；四是验证发票上的署名是否真实；五是审查原始发票本身是否真实，有无弄虚作假现象。

（二）审核原始发票要素的完整性

对原始发票要素完整性的审核主要包括以下内容：一是审核发票的名称与加盖的印章是否一致；二是审核所发生的经济内容是否真实可靠；三是审核发票的金额；四是审核发票的日期与发生经济业务的日期是否一致；五是审查发票的编号，验证所要报销的票据编号与近期报销票据的编号是否相近，以防空白发票作假报销。

（三）审核原始发票支出范围的合法性

对原始发票支出合法性的审核主要包括以下内容：一是审核是否符合财务标准的相关规定，例如报销人员提供的车船票，包括飞机票，只能在规定的标准以内进行报销，对不符合报销范围或超过报销标准外的部分应不予报销；二是审核取得的原始发票与所发生的经济业务之间的因果关系，如果因私而取得的原始发票，尽管所反映的经济业务真实，也不能作为结算报销的依据；三是审核是否违反财经纪律，对擅自提高开支标准，扩大开支范围，用公款请客送礼及侵占国家、集体利益的原始发票应一律拒之门外。

六、支付控制

单位所有的付款业务都必须履行规定的程序，即支付申请——支付审批——支付审核——办理支付。出纳人员只有在收到经过领导审批、会计审核无误的原始凭证后才能按规定的金额办理付款手续。有些事业单位虽然制定了《报销支付程序与办法》等相关文件，但在实际工作中却没有完全遵守，如有的审核人员不在岗时，出纳人员有时会在报销审批手续不全的情况下，依据个人之间的关系和自己的方便程度自行办理资金支付，缺少审核程序，出纳支付资金的随意性较大，这种支付程序往往会给单位带来无法弥补的损失，可能引发"坐收坐支"的风险。

行政事业单位支付控制流程如下：

（一）行政事业单位支出报销业务控制

行政事业单位应明确报销业务流程，按照规定办理资金支付手续，登记签发的支付凭证。一般来说，行政事业单位与支出报销业务流程相关的人员包括有报销业务的各业务部门经办人员、各业务部门负责人、分管各业务部门的事业单位领导、分管财务负责人、主办会计、记账会计、出纳会计。对行政事业单位支出报销业务的控制可概括为以下四个关键环节：

第一，各部门经办人员先填制报销单交由该部门负责人审批，如果金额超过一定额度须报分管领导审批。

第二，主办会计审核报销单据的真实性、合法性。

第三，分管财务负责人审核其资金使用是否合理，审批环节、审批手续是否完备。

第四，将报销单据交出纳处，出纳给付现金或开具支票付款，登记现金或银行日记账后交给记账会计记账。

（二）行政事业单位支出公务卡结算控制

公务卡是预算单位工作人员持有的，主要用于日常公务支出和财务报销业务的信用卡。它既具有一般银行卡的授信消费等共同属性，又具有财政财务管理的独特属性。行政事业单位使用公务卡结算的，应当按照公务卡使用和管理的有关规定办理业务。公务卡报销不改变预算单位现行的报销审批程序和手续，有利于及时办理公务消费支出的财务报销手续。

公务卡的适用范围包括使用现金结算日常公务支出中零星商品服务和

两万元以下的采购支出，具体内容包括：水费、电费、办公费、差旅费、交通费、招待费、印刷费、电话费等。行政事业单位使用公务卡结算的具体控制措施如下：

第一，报销人员填报支出报销审批单，凭发票、POS 机消费凭条等单据，按财务报销程序审批。

第二，出纳人员凭核准的支出报销审批单及报销单据，通过 POS 机将报销资金划转到个人卡上。

第三，报销人员当场确认后，在 POS 机打印的凭条上签字，财务人员凭经签字确认的凭条、支出报销审批单登记入账。

第四，持卡人使用公务卡结算的各项公务支出，必须在规定的免息还款期内（银行记账日至发卡行规定的到期还款日之间的期限），到本单位财务部门报销。

第五，因个人报销不及时造成的罚息、滞纳金等相关费用，由持卡人承担。

第六，如个别商业服务网点无法使用银行卡结算系统，报销人先行以现金垫付后，可凭发票等单据到单位财务部门办理报销审批手续。

第七，因持卡人所在单位报销不及时造成的罚息、滞纳金等相关费用，以及由此带来的对个人资信的影响等责任，由单位承担。

七、支出业务会计核算控制

行政事业单位的支出报账程序是"先审批再审核"，会计人员无法参与到单位重要业务的事前决策，审核也只是针对票据的规范性，这样就弱化了财务人员的事前监督。在确认和计量经济业务时，主要是针对原始凭据，缺乏与其存在钩稽关系的类比凭证，从而造成支出业务的真实性、计价的准确性无法核对，这就为虚列支出、转出资金提供了机会。

行政事业单位加强支出业务的会计核算，应由财会部门根据支出凭证及时准确登记账簿；与支出业务相关的合同等材料应当提交财会部门作为账务处理的依据。财会部门负责人应关注和监督支出预算的执行，组织结余资金的管理，组织做好单位支出的财务分析与评价，提高资金的使用效益。

行政事业单位支出包括事业支出、对附属单位补助支出、上缴上级支出、经营支出和其他支出等。为了核算行政事业单位的事业支出，应设置"事业支出"科目。因事业支出的项目较多，为了便于分类核算与管理，行政事业单位应根据实际情况设置明细科目，如基本工资、补助工资、其他工资、职工福利费、社会保障费、"三公"经费、设备购置费、修缮费等费用。人事部门负责人应严格按照主管部门下达的人员编制标准配备在职人员；组织做好在职人员的调进、调出、退休等变动以及临时工使用工作；对长期不在岗人员及时做出相应处理，并如实调整人员经费支出。

第四节　采购业务控制

一、采购业务控制的目标和内容

行政事业单位采购控制是指在行政事业单位使用资金进行货物、服务和工程的采购过程中的相关控制。行政事业单位的采购业务多以政府采购方式完成，是行政事业单位使用财政性资金采购依法制定的集中采购目录内的或者采购限额标准以上的货物、工程和服务的行为。财政性资金包括预算资金、财政专项资金、政府非税收入资金、债务资金、捐赠资金和单位自筹资金。

（一）采购业务的常见风险

规范单位采购行为、防范与控制采购风险是采购业务控制的主要目的。行政事业单位政府采购业务常见的风险包括：

1. 采购项目和预算安排不合理

政府采购、资产管理、预算编制以及业务部门之间缺乏沟通协调，采购项目可行性论证不充分，重复或错误立项，需求审核不严格，采购与实际需求脱节，导致资金浪费或资产闲置。

2. 采购计划编制不科学、不专业

采购参数的制定缺乏公平、公开透明的制衡机制和专业管理，采购预算定价的市场调查论证不足，过高或过低制定预算，出现围标、舞弊或遭受欺诈等问题，采购商品和服务质次价高，导致财政资金效用降低或资源浪费。

3. 采购活动不规范

未按规定选择采购方式、发布采购信息，甚至以化整为零或其他方式规避公开招标，对采购、招标缺乏有效的监督，出现围标、舞弊等问题，导致单位被提起诉讼或受到处罚，影响单位正常业务活动的开展。

4.采购及验收不规范

合同和付款环节审核不严格，实际接收产品与采购合同约定有差异，导致采购资金损失或单位信用受损。

5.采购业务档案管理不善

采购业务档案缺失，导致采购业务出现争议，影响政府采购信息和财务信息的真实完整。

（二）采购业务控制的主要内容

行政事业单位采购业务控制的主要内容包括以下几方面：

1.分工与授权控制

对采购相关部门和岗位的职责、权限以及采购与付款业务授权与审核等方面的控制。

2.预算与计划控制

对采购预算的编制、执行、调整以及采购计划的制订、组织实施等方面的控制。

3.采购与验收控制

对采购人员、采购程序、采购方法以及采购验收等方面进行控制。

4.付款控制

对付款条件、付款方式、付款程序以及付款的合法性等方面的控制。

二、采购组织、岗位与责任

行政事业单位应当设置采购职能部门或明确相关采购岗位的职责权限，确保政府采购需求的制定与内部审批、招标文件的准备与复核、合同签订与验收、验收与保管等不相容岗位相互分离。

单位应设立采购领导小组，工作办公室设在采购职能部门，财务等相应职能部门作为成员单位，由分管采购工作的领导任组长，成员由相关部门的主要负责人共同组成。其主要职责是根据有关政府采购的管理规定，拟定政府采购工作规范；审核采购单位编制的政府采购预算；审定采购实施计划和采购方式；审定各采购单位定额标准以上重大项目的采购需求、公开招标文件和采购合同；审定内部采购预选供应商库和采购代理机构库名单；监督各采购单位的采购工作，查处采购中的违法行为；其他采购相关工作。

采购职能部门负责单位采购的组织和实施工作。采购管理各岗位人员应当熟悉有关政府采购的法律法规和财会等相关专业知识，并定期轮换。实行采购监督管理与操作执行相分离的原则，设立采购工作监察部门或岗位（单位纪检监察人员也可履行此职责），其主要职责是对政府采购项目招投标过程中执行政府采购法律法规的情况进行督察，不参与评标、谈判、询价等具体工作；对自行采购项目执行过程进行监督，不参与预选供应商抽取和评标等具体工作；参与采购中有关质疑、投诉问题的处理；受理供应商提出的回避申请，并按照回避制度对相关人员进行审核。

配合采购业务的相关财务岗位的主要工作职责是汇总编制本单位年度政府采购预算、审核本单位实施采购计划的采购资金的来源、复核采购支付申请手续、办理政府采购和自行采购的资金支付。

三、采购预算与计划管理

（一）采购预算的编制与审核

按照部门预算编制格式和口径，编制本单位下一年度政府采购预算，作为部门预算的一部分，由一级预算单位汇总后上报财政部门。临时机构的政府采购预算由其挂靠的部门汇总上报财政部门。若有列入自主创新产品目录的项目，在编制政府采购预算时单独填报相关的报表。

政府采购预算由业务部门根据实际需求提出预算建议数，由资产管理部门核实采购需求和相关标准，由采购部门审核汇总，由财会部门根据预算指标进行平衡，确定采购资金来源，经单位采购决策机构审定后形成单位年度政府采购预算，经财政部门批准后执行。

（二）采购预算调整的控制

单位应当认真执行政府采购预算，按照已批复的预算安排政府采购计划。年度内追加或者调整的政府采购项目，应当同时按原审批程序追加或者调整政府采购预算，经上级主管部门和同级财政部门批准后执行。

（三）采购计划的管理

单位应加强对政府采购计划的管理，根据相关支出标准、采购预算和市场价格定期编报政府采购计划，报送财政部门及政府采购主管部门审批。

政府采购计划应详尽、完整、准确，除法律法规规定的适用情形外，采购项目不得指定品牌，采购需求不得含有倾向性、排他性，不得编报超预算、超标准、超配置的政府采购计划。

　　政府采购计划经批准后，由采购部门按批准的政府采购组织形式和采购方式执行。政府采购计划一经下达，原则上不得调整，确需变更、调整的，应当重新履行审核和审批的程序。建立采购需求单位内部的分权和岗位分离机制，对采购需求计划的评审应设置不同岗位进行管理。

　　采购计划的评审应由专人专岗进行，并设置为必经流程，设置科学合理的逐层逐级审批机制，每个层级的评审人员的构成应科学合理，重大采购需求应由单位领导办公会议讨论通过，在必要情况下需要聘请专业的评估机构对需求文件进行专业评审，应设置具备丰富经验的专业采购小组对采购计划进行校验。

四、采购方式的选择与审批

（一）政府采购的主要方式

1. 公开招标

　　公开招标是指招标采购单位依法以招标公告的方式邀请不特定的供应商参加投标。公开招标是政府采购的主要方式。一般来说，达到同级人民政府或者其授权机构发布的公开招标数额标准以上的政府采购项目，应当采用公开招标的采购方式。因特殊情况需要采用公开招标以外的采购方式的，应当在采购活动开始前获得政府采购监督管理部门的批准。采购人不得将应当以公开招标方式采购的政府采购项目化整为零，或者以其他任何方式规避公开招标采购。

2. 邀请招标

　　邀请招标是指招标采购单位依法从符合相应资格条件的供应商中随机邀请三家以上供应商，并以投标邀请书的方式，邀请其参加投标。

　　符合下列情形之一的政府采购项目，可以采用邀请招标方式采购：具有特殊性，只能从有限范围的供应商处采购的；采用公开招标方式的费用占政府采购项目总价值的比例过大的。

3. 竞争性谈判采购

　　竞争性谈判采购是指采购人或采购代理机构按照规定的程序，通过与符合项目资格要求的供应商就谈判文件进行谈判，最后确定成交供应商的采购方式。

　　符合下列情形之一的政府采购项目，可以采用竞争性谈判方式采购：

招标后没有供应商投标，或者没有合格标的，或者重新招标未能成立的；技术复杂或者性质特殊，不能确定详细规格或者具体要求的；采用招标所需时间不能满足用户紧急需要的；不能事先计算出价格总额的。

4. 询价采购

询价采购是指采购人或采购代理机构按照法定程序向不少于三家的供应商就采购项目需求发出询价通知或询价函，按照询价采购原则确定成交供应商的采购方式。规格及标准统一、市场供应充足且价格变化幅度小的政府采购项目，可以采用询价方式采购。

5. 单一来源采购

单一来源采购是指采购人或采购代理机构采购符合法定单一来源采购条件的项目，向单一供应商直接购买的采购方式。

符合下列情形之一的政府采购项目，可以采用单一来源方式采购：只能从唯一供应商处采购的项目；发生了不可预见的紧急情况不能从其他供应商处采购的项目；必须保证与原有采购项目的一致性或者拥有服务配套的要求，需要继续从原供应商处添购，且添购资金总额不超过原合同采购金额10% 的项目。

值得注意的是，只有在公开招标、邀请招标、竞争性谈判、询价采购经两次招标失败后，才可采用单一来源采购方式。

6. 简易采购程序

政府集中采购目录通用项目中已实行协议供应（供货）的项目，可按简易采购程序办理网上协议采购、网上竞价或快速采购。具体按如下原则进行选定：凡实行协议供应（供货）的项目，应按协议供应的规定程序操作；如认为协议供应商的报价高于市场平均价格，可以在协议供应商范围内进行网上竞价；对于协议采购和网上竞价没有合适价格的协议供货项目、采用询价方式的项目、品牌单一又有多个分销商的货物类项目，可以采用快速采购方式，按照报价最低原则确定成交供应商。但是，属于协议供货的项目，成交价格必须低于协议供应商的报价。

（二）自行采购的主要方式

1. 预选供应商采购

自行采购范围内的采购项目，达到单位内规定限额标准以上且在政府采购限额以下的，应采用预选供应商采购方式。由采购部门每两年组织一次供应商资质入围招标，采购领导小组审核后公布。实施采购时各采购单位从入围供应商库中随机抽取中标供应商。各采购单位可以推荐符合要求的供应商参与入围招标，入围供应商两年内没有被各采购单位选用以及有违法违规行为的，退出入围供应商名单。

2. 自行评标采购

采购单位应设立评标小组和监察部门或岗位组织自行采购评标，自行采购评标可采用综合评分法、最低价法、抽签法、询价等四种方法。原则上应采用最低价法，确需采取其他三种方法的，由各采购单位集体研究决定。自行采购评标小组成员应由业务需求部门、单位采购牵头管理部门和单位财务等部门共同组成，人数为单数。有条件的单位应该建立评标人员库，对参与评标人员进行随机抽取，或者采取轮值方式，在必要的情况下可以随机选取外部专家参与评标。评标过程要有详细的记录并归档，记录资料至少应包括评标人员名单产生的过程、评标小组签到表和评标结果确认表等，上述资料均应标注具体时间，并由监督人员签字确认。

（三）采购方式的审批

采购单位领导小组对登记的采购需求进行复核后，才能提交归口部门审核，审核时应重点关注：是否有预算指标；是否按要求履行了市场价格调查；采购方式是否合理；资金来源是否符合规定。采购单位登记的采购需求，先由归口部门审核完毕后，再提交采购小组。

在公开采购方式下，采购小组在收到采购单位提交的采购登记后，对采购登记进行审核，审核无误后以采购登记为依据，编报采购计划，提交财政部门采购中心，按规定程序对采购计划进行审核。采购小组审核项目需求文件，审核无误后据以编制政府采购计划，报送财政部门，财政部门依法审核并下达政府采购计划。采购小组就如下事项进行审批：采购项目和资金是否在采购预算范围内；是否按要求履行了市场价格调查；采购方式的选取是否符合规范；其他需审查的合规性内容。

五、采购活动的管理

单位应加强对政府采购活动的管理，由采购部门实施归口管理，在政府采购活动中建立政府采购、资产管理、财会、内部审计、纪检监察等部门或岗位相互协调、相互制约的机制。对于采购额度较大的采购项目应当经过可行性研究和专家论证，保证政府采购项目及预算价格合理、参数公正可靠。

单位采购部门应按规定选择适合的政府采购方式，经政府采购主管部门批准后实施采购。

应建立规范的政府采购信息发布制度，在指定的范围和公共媒介上发布政府采购信息，提高政府采购活动的透明度。发布的政府采购信息主要包括公开招标公告、邀请招标资格预审公告、中标公告等。

应加强对政府采购申请的内部审核，由政府采购各相关部门对政府采购项目的合理性以及技术参数、预算价格、采购方式、信息发布等分别进行审核。对采购进口产品、变更采购方式等事项应当重点审核，严格履行审批手续。

政府采购实行集中采购与分散采购相结合，对纳入集中采购目录、采购资金在"集中采购限额标准"以上的采购项目实行集中采购。对纳入集中采购目录，采购资金在"集中采购限额标准"以下的采购项目，履行申报、审核程序，实行分散采购。

对集中采购目录以外的采购项目，采购资金在政府采购限额标准以上的，履行申报、审核程序，实行分散采购。采购资金在政府采购限额标准以下的采购项目，不属于政府采购范围，不需编报政府采购预算和履行申报、审核程序，由单位自行组织采购。实行集中采购的项目，采购部门应协调业务部门全程参与政府集中采购活动，资产管理、财会、内部审计、纪检监察等部门或岗位应做好事前和事后监督检查工作，保障集中采购活动的合法性、合理性。实行分散采购的项目，应合理确定采购方式，由采购部门按规定组织采购，资产管理、财会、内部审计、纪检监察等部门或岗位应参与并监督分散采购的全过程，以保障分散采购活动的合法性、合理性。

达到单位规定的限额标准以上且在政府采购限额标准以下的自行采购项目，可采取建立单位预选供应商库模式和单位自行组织评标采购两种模式。预选供应商适用于不同供应商提供的服务无差异或差异不大的情况，如印刷、修缮等；评标适用于供应商提供的服务有明显差别的情况，一般对服务要求的技术含量较高，供应商服务质量不一致，需要采用评标的方式确定最佳供应商，如办公家具购置、物业管理等。

应加强对政府采购业务质疑、投诉的答复与处理，指定纪检监察部门或岗位牵头负责，采购部门、业务部门及相关人员参加，针对质疑、投诉事项查清原委，并依据相关规定对投诉人做出正式答复。加强对涉密采购项目安全保密的管理。对于涉密的采购项目，单位应与相关供应商或采购中介机构签订保密协议或者在合同中设定保密条款。采购合同中涉及保密事项的，应有法律方面的专家参与制定。

六、采购验收与付款

采购验收一般是付款的前置条件，具体包括履约过程验收和货物、服务验收两个方面。采购验收应由专设机构或临时验收机构按规定的程序、依据合同等采购文件组织实施。验收合格后应出具验收报告，作为付款的依据。

（一）履约控制

按照政府采购合同，采购人和供应商组织履约验收。采购人指定专人负责与供应商协调、组织履约，并为供应商履约提供必要的准备。供应商应按照政府采购合同的要求及时进行履约。

在供应商供货、工程竣工或服务结束后，按照政府采购合同中验收的有关事项和标准由采购人组织验收，其中，采购人与采购代理机构签订验收委托代理协议的，由采购人和其委托的采购代理机构组织验收。大型或者复杂的政府采购项目，应当邀请国家认可的质量检测机构参加验收工作。验收方成员应当在验收书上签字，并承担相应的法律责任。

（二）验收控制

行政事业单位应当加强对政府采购项目验收的控制与管理，根据规定的验收制度和政府采购文件，由指定部门或专人对所购物品的品种、规格、数量、质量和其他相关内容进行验收，并出具验收证明。

1. 组建验收工作小组

采购人负责组织履约验收，并确定验收结果。采购人组织成立由相关专家以及用户、资产管理部门参加的 5 人及以上单数人员组成的验收工作小组。验收工作小组设置 1 名负责人，负责整个采购项目验收工作的组织领导。直接参与该采购项目方案的制订、评审的人员不得作为负责人。需要由质检或行业主管部门进行验收的项目，采购人必须邀请相关部门参加验收。采购人与采购代理机构签订委托代理协议有验收事项的，按照委托验收事项的要求，采购代理机构配合采购人做好验收工作。

2.制订验收方案

验收工作小组根据签订的政府采购合同，在供应商供货、工程竣工或服务结束前，制订验收方案，明确验收内容，规定验收纪律，做好组织接收和验收的准备。

3.组织验收

在供应商履约结束后，验收工作小组应按照职责分工，对照政府采购合同中验收的有关事项和标准核对每项验收事项，并按照验收方案及时组织验收。

采购人在验收或使用中发现供应商未按合同约定的时间、地点和方式履约，缺少应有的配件、附件等情况，验收工作小组应在相关验收事项后注明违约情形，并立即通知供应商。

供应商出现违约情形，及时纠正或补偿的，经验收工作小组同意，可免于追究责任；造成损失的，按合同约定追究违约责任，并报政府监督管理部门和采购代理机构记入供应商诚信档案。

采购人因验收不当造成损失的，自行负责，并由责任人承担相应责任。

采购人故意设置障碍或不积极配合验收，故意推迟采购项目验收时间，故意拖延提出资金支付申请时间的，赔偿供应商损失，对直接负责的主管人员和其他责任人员追究相关违约、违纪、违法责任。

采购人与供应商串通或要求供应商通过减少货物数量或降低服务标准，要求供应商出具虚假发票或任意更改销售发票等方式，谋取不正当利益的，追究相关违约、违纪、违法责任。

验收工作中，采购人的监察、审计、财务部门应当履行监督职责。

4.出具验收证明

采购人根据验收工作小组验收合格的意见，核对无误后签字确认，并出具验收报告，且加盖公章。验收报告中须有验收工作小组负责人及成员同意验收合格意见的署名签字和用户、资产管理部门负责人签字并加盖公章。

有采购代理机构参加验收的，采购代理机构应在验收报告上签署意见，加盖采购代理机构公章。有质检或行业主管部门参加验收的，质检或行业主管部门应在验收报告上签署意见，加盖质检或行业主管部门公章。

（三）支付采购资金

验收合格后，采购人应按照合同约定及时支付采购资金。

货物或服务验收完毕或工程项目竣工决算完毕，采购单位可向采购小组申请采购资金的支付。申请支付时，采购单位依据采购合同、验收报告、竣工决算报告等文件，按照资金支付的相关规定，填写相关表格，办理采购资金支付申请。

采购资金实行国库集中支付的，各采购单位应完善采购资金支付程序，需求部门在办理采购资金支付时，必须提交如下资料：审验手续齐备的采购资金支付申请单、真实合法的原始发票、中标通知书复印件（第一次支付）、合同及验收报告（第一次原件，后续复印件）。采购资金应按合同规定的支付进度支付，不得超前支付。

第七章　内部资产控制

第一节　资产控制概述

一、概念界定

（一）资产的含义

行政事业单位的资产是指由行政事业单位占有、使用，在法律上确认为国家所有、能以货币计量的各种经济资源的总称，包括行政事业单位使用国家财政性资金形成的资产、国家拨给行政事业单位的资产、行政事业单位按照国家政策规定运用国有资产组织收入形成的资产，以及接受捐赠和其他经法律确认为国家所有的资产。

（二）资产的分类

行政事业单位的资产按价值形态可以分为流动资产、固定资产、对外投资、无形资产和其他资产。流动资产包括现金、各种存款、应收及预付款项、存货等；固定资产包括房屋及构筑物、专用设备、一般设备、文物和陈列品、图书、其他固定资产等；对外投资包括债券投资和其他投资；无形资产包括知识产权、土地使用权、非专利技术、商标权、商誉等。本书以货币资金、对外投资、实物资产作为研究重点来分别列示，在建工程则在建设项目控制中进行介绍。行政事业单位的货币资金是指单位拥有的现金、银行存款、零余额账户用款额度和其他货币资金。对外投资是指行政事业单位依法用自身所拥有的固定资产、流动资产、无形资产等资产向其他单位进行的投资。实物资产是指由单位占有、使用，在法律上确认为国家所有、能以货币计量的各种物料用品或低值易耗品等。

二、资产控制的主要内容

（一）资产配置

行政事业单位国有资产配置应当遵循以下原则：严格执行法律法规和有关规章制度；与行政事业单位履行职能相适应；科学合理、优化资产结构；勤俭节约，从严控制；对有规定配备标准的资产，应当按照标准进行配备；对没有规定配备标准的资产，应当从实际需要出发，从严控制，合理配备；财政部门对要求配置的资产，能通过调剂解决的，原则上不重新购置。

（二）资产使用

行政事业单位应当建立健全国有资产使用管理制度，规范国有资产使用行为，对所占有、使用的国有资产应当定期清查盘点，做到账、卡、实相符，防止国有资产流失。拟将占有、使用的国有资产对外出租、出借的，必须事先上报同级财政部门审核批准，未经批准，不得对外出租、出借。行政事业单位利用国有资产对外投资、出租、出借和担保等，应当进行必要的可行性论证，并提出申请，经主管部门审核同意后，报同级财政部门审批。法律、行政法规另有规定的，依照其规定。

（三）资产处置

资产处置应当由行政事业单位资产管理部门会同财务部门、技术部门审核鉴定，提出意见，按审批权限报送审批，行政事业单位国有资产处置应当按照公开、公正、公平的原则进行。资产的出售与置换应当采取拍卖、招投标、协议转让及国家法律、行政法规规定的其他方式进行，处置的变价收入和残值收入，按照政府非税收入管理的规定，实行"收支两条线"管理。行政事业单位出售、出让、转让、变卖资产数量较多或者价值较高的，应当通过拍卖等市场竞价的方式公开处置。

（四）资产评估

行政事业单位国有资产评估工作应当委托具有资产评估资质的资产评估机构进行。进行资产评估的行政事业单位，应当如实提供有关情况和资料，并对所提供的情况和资料的客观性、真实性和合法性负责，不得以任何形式干预评估机构独立执业。

（五）产权界定

产权界定是单位依法划分财产所有权和经营权等产权归属，明确各类产权主体行使权利的财产范围及管理权限的一种法律行为。在界定过程中，既要保障国有资产所有者及经营使用者的合法权益，同时还要保证其他财产所有者的合法权益不受侵犯。

（六）产权纠纷调处

产权纠纷是指由于财产所有权、经营权、使用权等产权归属不清而发生的争议。行政事业单位之间的产权纠纷，由当事人协商解决，协商不能解决的，由财政部门或者同级政府调解、裁定行政单位与非行政单位、组织或者个人之间发生产权纠纷的，由行政单位提出处理意见，并报经财政部门同意后，与对方当事人协商解决，协商不能解决的，依照司法程序处理。

（七）产权登记

行政事业单位国有资产产权登记（以下简称产权登记）是国家对行政事业单位占有、使用的国有资产进行登记，依法确认国家对国有资产的所有权和行政事业单位对国有资产的占有、使用权的行为。

（八）资产统计报告

行政事业单位应当建立资产登记档案，并严格按照财政部门的要求作出报告。报送资产统计报告，应当做到真实、准确、及时、完整，并对国有资产占有、使用、变动、处置等情况作出文字分析说明。

（九）监督检查和法律责任

财政部门、行政单位应当加强国有资产的管理和监督，坚持单位内部监督与财政监督、审计监督、社会监督相结合，事前监督、事中监督、事后监督相结合，日常监督与专项检查相结合。财政部门、行政事业单位及其工作人员违反相关规定，擅自占有、使用、处置国有资产的，按照《财政违法行为处罚处分条例》处理。

第二节　货币资金内部控制

一、概念界定

行政事业单位的货币资金是指单位拥有的现金、银行存款、零余额账户用款额度、其他货币资金。货币资金作为行政事业单位流动性强、控制风险高的资产，贯穿于单位运营的全过程，因此加强货币资金管理、建立和完善货币资金内部会计控制，对保护行政事业单位资产的安全完整以及单位的正常运转起着非常关键的作用。

二、货币资金控制的目的和整体风险

（一）货币资金控制的目的

行政事业单位进行货币资金管理和控制的目的主要有以下几点：

确保单位货币资金安全，避免货币资金被盗窃、挪用等意外情况的发生；

确保单位货币资金完整，避免侵占单位收入等违法行为的发生；

确保货币资金的使用符合国家法律规定及单位内部规章制度；

确保单位各项记录能如实反映货币资金的各项收支活动；

加快货币资金回笼，提高货币资金的使用效率。

（二）货币资金控制的风险

货币资金控制的风险是指受某些不确定因素的影响，造成单位货币资金流出的可能性。单位的资金风险可分为三大类：安全风险、短缺风险、使用效率风险。资金安全风险主要是指资金被挪用和贪污的风险。这类风险主要源自单位内部控制的不完善，如没有很好地执行内部牵制原则，同一人兼任不相容职务等。资金短缺风险主要是指单位没有足额的资金用来支付单位日常运营的需要。资金使用效率风险可以定义为多余现金获得的收益低于银行存款获得的收益。

三、行政事业单位货币资金内部控制制度的主要内容

（一）分工与授权控制

明确相关岗位职责分工、权限范围和审批程序，确保机构设置和人员配备科学合理。

（二）现金和银行存款的控制

加强对现金库存限额、开支范围、支付限额、现金盘点的控制；银行账户的开立、审批、核对、清理应当严格控制；现金盘点和银行对账单的核对应当按规定严格执行。

（三）票据和印章控制

与货币资金有关的票据的领购、保管、使用、销毁等应当有完整的记录，银行预留印鉴和有关印章的管理应当严格有效。

（四）会计记录控制

加强会计的记录、核对控制，确保会计记录真实、准确、完整、及时。

四、货币资金支付的业务流程

货币资金支付需要经过申请、审批、复核、支付等手续。

五、货币资金控制主要风险点分析

明确货币资金控制的主要风险点对于实现货币资金的有效内部控制至关重要。货币资金控制的风险点主要在支付申请、支付审批、支付复核和支付这四个环节。

（一）支付申请环节

支付申请环节的主要风险是资金使用申请人在向审批人提交支付申请时未明确注明款项的用途、金额、预算、限额、支付方式等内容，或者有上述内容但是未附有效原始单据或相关证明。

（二）支付审批环节

支付审批环节的主要风险是审批人没有严格按照审批程序对资金支付申请的业务真实性、金额的准确性、票据或者证明的合法性进行审批；对于重要的支付申请没有实行集体决策和审批。

（三）支付复核环节

支付复核环节的主要风险是资金支付申请没有经过专人复核，或者经过审批以后没有经过复核便由出纳人员办理资金支付。

（四）支付环节

支付环节的主要风险是出纳人员办理资金支付以后没有及时登记库存现金或银行存款日记账。

六、货币资金内部控制的主要措施

行政事业单位应当建立健全货币资金管理岗位责任制，合理设置岗位，不得由一人办理货币资金业务的全过程，确保不相容岗位相互分离。出纳不得兼任稽核、会计档案保管和收入、支出、债权、债务账目的登记工作；严禁一人保管收付款项所需的全部印章；财务专用章应当由专人保管，个人名章应当由本人或其授权人员负责保管；印章的人员要配置单独的保管设备，并做到人走柜锁；按规定应当由有关负责人签字或盖章的，必须严格履行签字或盖章手续；无论是货币资金的申请、审批、复核还是支付环节，都应该首先关注货币资金的授权审批控制措施和岗位分工控制措施。

（一）授权审批控制

第一，应当建立货币资金授权制度和审核批准制度，明确审批人对货币资金的授权批准方式、权限、程序、责任和相关控制措施，规定经办人办理货币资金业务的职责范围和工作要求。

第二，审批人应当根据货币资金授权批准制度的规定，在授权范围内进行审批，不得超越权限审批。单位应当加强对银行账户的管理，严格按照规定的审批权限和程序开立、变更、撤销银行账户。

第三，经办人应当在职责范围内，按照审批人的批准意见办理货币资金业务。对于审批人超越授权范围审批货币资金业务，经办人有权拒绝办理。

（二）岗位分工控制

第一，应当建立货币资金业务的岗位责任制，明确相关部门和岗位的职责权限，确保办理货币资金业务的不相容岗位相互分离。制约和监督货币资金业务的不相容岗位至少应当包括：货币资金支付的审批与执行，货币资金的保管与盘点清查，货币资金的会计记录与审计监督。

第二，担任出纳的人员应当具备会计从业资格。出纳人员不得兼任稽核、会计档案保管和收入、支出、费用、债权、债务账目的登记工作。

第三，不得由一人办理货币资金业务的全过程，严禁未经授权的部门或人员办理货币资金业务或直接接触货币资金。

第四，单位应当严禁一人保管支付款项所需的全部印章。财务专用章应当由专人保管，个人名章应当由本人或其授权人员保管。每位负责保管印章的人员要配置单独的保险柜等保管设备，并做到人走柜锁。

（三）现金管理控制

1. 现金支付管理

结合单位实际情况确定现金开支范围，超过开支范围的应通过银行办理转账结算。

单位通过财政拨款、非税收入拨款、事业收入、上级主管部门补助收入等途径获得的现金收入应及时送存银行，不得直接用于支付单位支出。如因特殊情况需要坐支现金的，应当事先报开户银行审查批准，由开户行核定坐支范围和限额。

出纳人员从银行提取现金时，应写明用途并由计划财务处负责人签字盖章，经开户行审核后予以支付。

单位借出现金必须符合规定，执行严格的审核批准手续，严禁私自挪用、借出货币资金。

单位任何部门不得以任何理由私借或者挪用公款。确因工作需要借用现金的，应填写借款单，经部门负责人和计划财务处负责人审批后方能支取，借出现金应在规定的时间内送还。

单位工作人员办理报销业务时，经办人应详细记录每笔业务开支的实际情况，填写支出凭证，注明用途和金额，出纳人员应严格审核报销的原始凭证，审核无误后方可办理报销手续。

出纳人员应在支付限额范围内办理现金支付，超过限额的需由经办人员向计划财务处提出申请，经计划财务处负责人审核，由单位主管领导集体决策同意后方可办理现金支付业务。

出纳人员应严格按照规定办理现金支付业务，不准以白条冲抵现金，不得擅自将单位现金转借给其他单位，不得利用银行账户代其他单位和个人存入和支取现金，不得用不符合财务制度的凭证顶替库存现金，不得保留账外现金。

以收费形式收取的预算外资金实行收费许可制度，收费必须使用财政部门统一印制的收费票据。单位取得的货币资金必须及时入账，不得私设"小金库"，不得账外设账，严禁收款不入账。

建立库存现金日记账，并要逐日逐笔登记，做到日清月结，月份终了必须进行账目核对。

2. 现金保管

单位现金保管的责任人为出纳人员，超过限额的现金应由出纳人员送存银行。现金不得以个人名义存入银行，一旦发现公款私存，应对责任人予以严肃处理。

下班前，出纳人员对限额内的库存现金于当日核对清楚后，在保险柜内存放，不得放在办公桌内过夜，保险柜只能由出纳人员开启使用，保险柜密码由出纳人员自己保管并严格保密，出纳人员调动岗位时应更换密码。

3. 现金盘点和督查

出纳人员应每天清点库存现金，登记库存现金日记账，做到账账相符、账实相符。单位应建立现金清查制度，定期和不定期地对库存现金情况进行清查盘点，重点盘点项目如下：

账款是否相符；

有无白条抵库；

有无私借、挪用公款；

有无账外资金。

若发现账款不符，应及时查明原因，并做相应处理。若是由一般工作失误造成的，可由单位相关负责人按照规定做出处理；若属于违法行为，应依法移交相关部门处理。

（四）银行对账制度

单位应按开户银行和其他金融机构的名称和存款种类，分别设置银行存款日记账，出纳人员根据收付款凭证逐笔按顺序登记，每日终了结出余额。

银行存款日记账和银行账户至少每月核对一次，并编制银行存款余额调节表。单位会计人员对银行存款余额调节表和账单进行核对，确保银行存款账面余额和银行对账单余额调节相符。

若银行存款账面余额和银行对账单余额调节不符，按以下办法处理：

发现记账错误的，应上报计划财务处负责人，查明原因后进行处理、改正；

因收付款结算凭证在单位和银行之间传递需要时间而造成的记账时间不同，可通过银行存款余额调节表调节相符。

单位出纳人员不得从事银行对账单获取、银行存款余额调节表的编制等工作，如确需出纳人员办理上述工作的，可指定其他人员定期进行复审和监督。

审计处应指派专门人员，不定期审查单位银行存款余额和银行存款相关账目。具体审核内容如下：

银行存款业务的原始凭证、记账凭证、结算凭证是否一致；

银行存款业务的手续是否齐备；

银行存款业务的相关凭证与账目是否一致；

银行存款总账与单位相关账目、银行存款余额调节表是否一致。

（五）票据管理控制

1. 票据的领购

单位所需票据应向财务、税务等主管部门申领或购买，并按规定使用，严禁使用自行印制、购买（在税务部门购买的除外）或除财务主管部门外其他单位代开的票据。

单位应指定专人负责票据申领工作，领用票据设立领用票据登记簿，认真核对领用时间、票据名称、起讫号码，并由领用人签字。

2. 票据的使用与保管

出纳人员应严格按照票据监管机构核准的使用范围开具票据，不得超范围使用。

未按规定使用票据的，会计人员不予入账。

出纳人员必须按照票据的序号签发支票，不得换本或跳号签发；票据填写项目要齐全，字迹要清楚，全部联次要一次复写、打印，内容完全一致；不得随意开具印章齐全的空白支票；发生填写错误的票据应三联同时作废，同时加盖作废戳记。

严禁涂改、挖补、撕毁票据，不得拆本使用票据；作废的机打票据应妥善保管，与存根联一起按票据序号装订成册；各类票据之间不得相互串用、混用，也不得转借、转让、代开票据，不得自行扩大专业发票的使用范围。

出纳人员必须妥善保管好票据，并设立专门的登记簿对票据的购买、领用、注销等内容进行记录，防止空白票据遗失和被盗用。出纳人员调动前，必须办理移交手续，移交不清的禁止调动。

3. 票据的遗失处理与核销

若发生票据丢失，应及时到主管部门办理挂失，并书面报告情况，协助有关部门查明原因。由于票据保管不善、丢失或被盗所造成的经济损失，由相关责任人承担。

单位票据的保管期限一般为 5 年，对超过法定保管期限的，可以组织销毁。票据销毁前需进行清理，并经单位负责人同意后，向票据主管部门提出销毁票据的申请，主管部门审核同意后方能予以销毁。

单位销毁票据时，需由计划财务处、审计处成立 3—5 人的销毁监督小组，对票据销毁进行监督。待票据销毁后，由全体人员签字，并以小组名义出具监销情况报告，经计划财务处和单位负责人签字后，报送票据主管部门保存备查。

4. 票据的监督检查

单位应成立专门的稽查小组，对单位内部票据的使用、保管等工作进行定期、不定期检查，使用票据的单位和个人必须配合检查，如实反映情况和提供资料，不得拒绝、隐瞒。

单位工作人员有下列行为之一的，将按国家相关规定予以处罚：

违规转让、出借、代开票据的；

因保管不善造成票据撕毁、灭失的；

伪造、擅自销毁票据；

其他违反票据管理规定的行为。

（六）印章管理控制

1. 印章的刻制

印章的刻制需取得登记证书后向登记管理机关提出书面申请，经核准后，持同意刻制印章委托书到公安机关办理刻制手续后，才能刻制。严禁私自刻制印章。

2. 印章的使用

启用新印章（包括更换新印章）需经过单位发文报登相关部门备案后，才能启用。新印章启用以后原有印章作废，属上级单位刻制的印章，原印章应该交回上级单位封存或者销毁；属自行刻制的，移交档案室封存或者销毁。

单位相关人员使用印章时，应填写印章使用申请，说明使用印章的理由、申请人、启用时间等内容。印章使用申请经过单位负责人审批后，连同需要使用印章的文件一同交予会计人员盖章。

会计人员使用印章时应认真核对用印资料，明确用印的内容和目的，确认符合用印手续后方可盖章。若认为不符合规定可拒绝盖章。会计人员不可随便委托他人代取、代用印章，如因特殊原因需由其他人员代用印章，必须指定专人在场监督。

印章的使用应在单位内部进行，不可携带印模外出用印。因特殊原因确需外出用印的，需经财务处负责人同意后方可带出，并在事情办完后即刻送回单位，会计人员不得在空白支票上用印，因特殊原因需盖空白印章的，需经单位负责人批准，并标注份数逐一编号，未用的要全部退回。印章使用申请由会计人员保管，月底汇总后交档案管理人员存档。

3. 印章的保管

单位财务印章需由会计人员专人保管，未经授权的人员一律不得接触、使用印章，出纳不得管理印章。

会计人员不得将印章转借他人，否则造成的后果由会计人员负责。应建立用印登记簿，使用印章需履行登记手续，以便备查。印章保管员需认真负责，遵守纪律，秉公办事。印章保管人员出现以下行为的，将视情节严重程度给予行政处分，触犯刑律的移交司法部门依法处理：

对印章保管不善造成印章丢失；

把关不严，用印后造成严重错误和损失等不良后果；

私自留存、使用应予以销毁或上交的印章；

非法使用印章。

印章不慎丢失、被盗、毁损的，应上报计划财务处，并公开声明作废后，按规定程序申请重新刻制。

会计人员调动时，必须将保管的印章及相关文件交割，否则不允许调动。

（七）货币资金支付的具体业务流程控制

1. 支付申请

有关部门或个人用款时，应当提前向审批人提交货币资金支付申请，注明款项的用途、金额、预算、限额、支付方式等内容，并附有效原始单据或相关证明。

2. 支付审批

资金支付应严格履行授权分级审批制度。审批人根据其职责、权限和相应程序对支付申请进行审批，审核业务的真实性、金额的准确性以及申请人提交的票据或者证明的合法性，严格监督资金支付。对不符合规定的货币资金支付申请，审批人应当拒绝批准。对于重要的货币资金支付业务，应当实行集体决策和审批，并建立责任追究制度，防止出现贪污、侵占或挪用资金的行为。另外，单位可根据需要，安排财务人员在审批前先对支付申请进行初步审核，再按规定审批。

3.支付复核

对于货币资金支付申请，应由专人进行复核。复核人应当对批准后的货币资金支付申请进行复核，包括支付申请的批准范围、权限、程序是否正确，手续及相关单证是否齐备，金额计算是否准确，支付方式、支付单位是否妥当等，复核无误后，交由出纳人员办理支付手续，单位不得因审批前已进行初步审核而免除复核程序。单位应当加强货币资金的核查控制，指定不办理货币资金业务的会计人员定期或不定期地抽查盘点库存现金，核对银行存款余额，抽查银行对账单、银行存款日记账及银行存款余额调节表，核对是否账实相符、账账相符。对调节不符、可能存在重大问题的未达账项应当及时查明原因，并按照相关规定处理。

4.办理支付

出纳或资金管理部门应当根据经审批的复核无误的支付申请，按规定办理货币资金支付手续，及时登记库存现金日记账和银行存款日记账。

第三节　对外投资内部控制

对外投资是指单位以购买股票、债券等有价证券的方式，或以现金、实物资产、无形资产等方式向单位或单位以外的其他经济实体进行的投资。按投资的权益属性可划分为债权投资（如债券投资）和股权投资（如股票投资）。

一、概念界定

为保证行政单位履行机关职责，行政单位不参与对外投资，但在单位有结余资金又不影响行政任务完成的情况下，可以用经费结余购买国债，而且只能购买国债，不得购买其他有价证券，事业单位应当严格控制对外投资，不得利用国家财政拨款、上级补助资金和维持事业正常发展的资产对外投资。事业单位的对外投资，不仅包括购买各种有价证券，还包括以货币资金、实物资产或无形资产对外投资。因此，行政单位的对外投资仅指购买国债的债权投资；而事业单位的对外投资既包括债权投资，又包括股权投资。

二、对外投资控制的目的和整体风险

（一）对外投资的控制目的

第一，确保国家有关投资及资产管理的法律法规和单位内部规章制度

的贯彻执行，为规范行政事业单位的投资行为，国家颁布了相关的国有资产管理办法。行政机关和社会团体不得开展权益性投资活动。事业单位和行政单位的对外投资应符合国家有关规定，以不影响正常行政任务或事业活动为前提。

第二，维护对外投资资产的安全、完整。要建立对外投资活动的授权批准、岗位分离制度；保证一切对外投资活动，不管金额多少，必须进行可行性论证并经单位领导集体讨论审批。单位在投资时的各种交易手续、程序、文件记录以及账面数据的反映和财务报告信息的披露等必须符合国有资产管理的有关规定，以减少投资风险，保障国有资产的安全、完整。

第三，确保投资行为的科学性、合理性，提高投资的经济效益。单位在作出投资决策之前要对投资项目进行可行性研究；对于股权投资，要进行回收期、回报率、内部收益率、投资风险以及有助于作出投资决策的各种分析，投资规模要与单位资金情况和年度预算相适应，预期投资收益应不低于国内同行业同期平均水平；对于债权投资，要对发行债券机构的财务信用状况和债券的风险情况进行认真的分析和评估，对债券的投资金额、投资期限、内部收益率等，结合单位的资金规模和年度预算进行分析，确保投资成本与收益。

（二）对外投资的整体风险

行政事业单位对外投资存在的风险主要体现在以下几个方面：

1. 对外投资风险意识不强

行政事业单位尚未针对风险的各个关键点设计具体的风险识别、风险估测、风险评价、风险控制等措施，无法对行政事业单位的投资风险进行全面防范和控制。

2. 尚未建立对外投资业务流程

控制系统对外投资的可行性研究、评估、决策、执行、处置等业务流程的梳理尚未科学化、体系化，无法从根本上降低对外投资的风险。

3. 对外投资核算不规范

投资权属存在隐患。部分单位使用往来款或支出科目核算，无法准确反映投资关系，导致投资权属不清，资产所有权不明晰。

4. 对外投资无收益

投资目的未能实现，被投资单位以各种理由不上缴投资收益，反而变相成为增加事业单位人员奖金的蓄水池，未能达到增加事业单位收入，减少财政支出的目的与被投资单位的开支混淆，造成支出不实。部分事业单位根据其资金状况，将支出转移至被投资单位列支或负担被投资单位费用，此做法既违反了制度规定，也使事业单位支出失实。

5. 对外投资失败

单位承担连带风险。被投资单位经营亏损、连锁债务给事业单位带来风险。有的被投资单位倒闭、撤销，而事业单位却将其挂账不处理；有的事业单位为被投资单位进行贷款担保，最终形成连带责任，背上了巨额债务。

三、行政事业单位对外投资内部控制的主要内容

行政事业单位对外投资内部控制包括分工与授权控制，对外投资可行性研究、评估与决策控制，执行控制，处置控制和监督检查控制等。

（一）对外投资分工与授权控制

行政事业单位应当建立对外投资业务的岗位责任制，明确相关部门和岗位的职责、权限，确保办理对外投资业务的不相容岗位相互分离、制约和监督，避免投资活动中违法行为的发生。

（二）对外投资可行性研究、评估与决策控制

行政事业单位应当加强对外投资可行性研究、评估与决策环节的控制，对投资建议的提出、可行性研究、评估、决策等作出明确规定，确保对外投资决策合法、科学、合理。

（三）对外投资执行控制

行政事业单位应当制订对外投资实施方案，明确出资时间、金额、出资方式及责任人员等内容。对外投资实施方案及其变更，应当经单位最高决策机构或其授权人员审查批准。

（四）对外投资处置控制

行政事业单位应当加强对外投资处置环节的控制，对投资收回、转让、核销等的决策和授权批准程序作出明确规定。

（五）对外投资监督检查控制

行政事业单位应当建立对外投资内部控制的监督检查制度，明确监督

检查机构或人员的职责权限，定期或不定期地进行检查。

四、对外投资活动业务流程

（一）提出投资意向

行政事业单位投资管理部门要根据国家投资法律法规，国有资产管理的法规，社会需要和单位发展战略等，并结合单位实际情况，合理安排资金投放结构，提出对外投资初步意向。

（二）可行性研究

行政事业单位应指定部门和人员，对单位负责人或其他人员提出的投资意向或方向进行认真的可行性研究，编制对外投资可行性研究报告，并制订投资方案，对于股权投资，要结合技术水平、市场经济环境、单位拥有的资源及环境产业政策等进行调查研究，通过比较、分析制订具体的股权投资方案，必要时可以聘请有关专业咨询机构协助调研；对于债权投资，还应就发行债券机构的财务信用状况和债券的风险情况进行认真的分析和评估。

（三）单位领导集体论证

由单位领导集体对投资项目的可行性研究报告和投资方案进行论证，决定投资项目是否应当立项，变更投资方案，应经过单位领导集体讨论决定。

（四）报送相关部门审批

行政事业单位应指定部门和人员准备有关材料，按规定程序报主管部门或政府有关部门对投资项目进行立项审批。对于股权投资，重点审查投资是否符合（投资）战略规划、是否具备可行性、投资收益能否实现、投资风险是否可控；对于重要的对外投资和投资设立全资或控股单位，需报国家应急管理部进行审批；对于债权投资，重点审查拟投资债券是否安全可靠，资金支出是否与单位预算相符，以防范资金风险。

（五）制订和执行投资计划

1. 办理投资手续

关于股权投资，在办理投资手续之前，以实物资产或无形资产对外投资的，应当进行资产评估；对外投资工作小组或责任人要与其他投资方进行投资谈判，谈判中若投资条件与原计划相比发生重大变化，需报授权人员决策，特别重大的变更需报单位领导集体审议决定；在投资谈判取得一致意见后，草拟投资合同文本报单位负责人审定，并按授权权限由授权人员与其他投资方签订合同；对外投资工作小组或投资管理部门根据投资合同规定的投资金额和期限，及时付款并办理投资手续。

关于债权投资，单位依据批准的债权投资计划和方案，将投资列入单位年度资金预算，申请债权投资资金，经部门负责人审核后具体办理债权投资事宜；债权投资需要签订合同的，由财务部门起草合同文本，经法律部门／岗位审核、单位负责人批准后，交授权人员签订。财务人员依据审核的投资资金申请和投资合同，办理资金划付手续，并于债券购入当日以单位名义登记。

2. 投资管理与核算

关于股权投资，投资管理部门应当建立对外投资单位管理档案，财会部门定期分析被投资单位的财务报表。要通过适当方式直接或间接加强对被投资单位的财务管理和监督，认真审核被投资单位的财务资产状况和效益情况，正确核算对外投资收益，合理计提投资减值准备。对所投资的控股子公司，要建立定期报告制度。

关于债权投资，出纳人员应负责保管债权投资的各类（债权）凭证，或存放于银行、信托公司和保险公司，财务部门应建立债权投资台账，并定期与被投资单位核对。年末财务部门应根据债券市场情况对债权投资跌价准备提出减值方案，经主管人员审定后上报相关部门审核备案。

3. 投资资产处置与收回

关于股权投资，到期投资项目的处置同样要经过相关部门或人员的审批，力求实现国有资产最大的经济收益，在《行政单位国有资产管理暂行办法》颁布前已经用占有、使用的国有资产举办经济实体的，应当按照国家关于党政机关与所办经济实体脱钩的规定进行脱钩。脱钩之前，事业单位应当按照国家有关规定对其经济实体的经济效益、收益分配及使用情况等进行严格监管。财政部门应当对其经济效益、收益分配及使用情况进行监督检查。

关于债权投资，单位债权投资因特殊原因需要提前兑付或转让的，应提出提前兑付或转让方案，由负责人审核，金额重大的报领导审批后方可办理。债券投资到期时，财务部门应办理到期债券兑付手续，并正确核算债券本金和利息，保障国有资产的投资收益。

（六）投资活动监督检查

监督检查工作贯穿投资活动的始终，相关部门要重点检查岗位设置是否科学、合理，是否存在不相容职务混岗的现象；分级授权是否合理，投资的授权批准手续是否健全、是否存在越权审批等违反规定的行为；股权投资决策过程是否符合规定的程序；各项资产是否按照投资方案投出；投资期间会计处理是否真实、完整，以及对外投资权益证书和有关凭证的保管与记录情况；投资资产的处置是否符合授权批准程序，资产的回收是否完整、及时，资产的作价是否合理，投资的会计处理是否真实、准确、规范，以防止出现差错和舞弊等情况。

（七）投资活动评价

在投资活动完成后，要对投资对象选择的合理性、技术和经济论证的充分性、出资方式选择的正确性、投资资产价值评估的准确性以及投资管理的及时性等进行客观、公正、合理的评价，以便在之后的投资活动中扬长避短，避免投资损失，保障投资回报。

五、对外投资活动主要风险点分析

（一）投资意向不切实际、盲目投资的风险

部分行政事业单位风险管理意识不强，对外投资具有很大的随意性，导致存在国有资产流失的风险，大量的国有资产无法实现保值增值的目标。投资活动要合理规划，正确选择投资项目，合理确定投资规模，适当权衡收益与风险，避免盲目投资，尤其是对衍生金融产品的投资要慎之又慎。

（二）可行性研究不充分导致决策失误的风险

对外投资是行政事业单位的一项重要经济活动，所以要在投资可行性论证的基础上进行民主决策、科学决策。投资活动的资金需求要与单位的资金持有量相匹配。如果超过了正常的资金承受能力，支付进度与财政预算（包括专项资金收入等）不匹配，往往导致资金周转困难，带来极大的财务风险，损害国有资产的完整性，影响政府信誉。如果为弥补资金缺口而减少正常的公共事业投资，就会给人民群众的生产生活带来负面影响，特别是股权投资，要防范由于对投资相关行业的市场情况缺乏了解和发展趋势分析不准确、不合理导致的投资决策失误和投资回报风险。

（三）相关部门审批不严格的风险

在报经相关部门审批的过程中，一些单位提供的资料不完整甚至提供虚假资料；有的主管部门审批程序不健全，不能达到监督控制的目的，导致不良投资的发生。

（四）投资计划制订与执行过程中的风险

1. 授权审批风险和职务分离风险

授权审批制度是保证投资活动合法性和有效性的重要手段，不相容职务分离制度则通过相互监督与牵制，保证投资活动在严格控制下进行，这是防止舞弊的重要手段。没有严格的授权审批制度和不相容职务分离制度，单位的投资就会呈现随意、无序、无效的状态，导致投资失败。因此，授权审批制度和不相容职务分离制度是投资活动内部控制、防范风险的重要手段。同时，还应建立严密的责任追究制度。

2. 投资资产保管风险

对外投资是直接使用资金的行为，也是形成资产的过程。如果管理不善，容易发生各种违法行为，造成国有资产的流失。除严密的授权审批制度和不相容职务分离制度外，严密的投资资产保管制度也是避免投资风险、保证投资成功的重要手段。行政事业单位应建立严密的资产保管制度，明确保管责任。

在股权投资中，以实物资产和无形资产投资时，要防范资产评估结果不实导致股权权属降低的投资风险；防范合同条款违法违规、文本不规范及授权不明或不当导致的法律和投资损失风险；防范对被投资单位管理控制不力导致的投资损失风险。

在债权投资中，要防范债权投资凭证密码单人管理或债权投资不实导致的会计舞弊和投资损失风险；防范不履行规定的资产清查程序导致的投资损失风险。

3. 会计处理风险

对外投资活动会计处理复杂，容易发生舞弊行为。因此，行政事业单位应建立健全账簿体系，严格账簿记录，通过账簿记录对投资资产进行详细、动态的反映和控制。

在股权投资中，要防范股权投资核算不完整、不真实导致的财务信息失真风险；防范对外投资减值准备计提不及时、不准确导致的财务信息失真和投资决策及管理失误风险。

在债权投资中，要防范债权投资核算不及时、不完整、不真实导致的财务信息失真风险；防范债权投资账面价值未能真实反映导致单位资产不实的风险。

4.投资处置与收回风险

要重视投资到期本金的回收，由于各种有价证券可以在证券交易所和其他各种场外市场自由买卖，证券持有人可以随时委托证券经纪人或交易商卖出证券，所以，为防止从事投资交易的直接人员利用职务便利私自买卖证券以谋取私利，确保单位对外投资的资产安全、完整，投资资产转让控制显得尤为重要。

（五）对外投资无收益风险

行政事业单位对外投资的目的是在保持国有资产保值的前提下获得对外投资收益，保持国有资产的增值。部分行政事业单位对外投资一投了之，既不在会计核算上反映投资收益，对投资项目的经营管理也缺乏应有的重视，有的投资项目经营管理不善，导致出现亏损，投资无收益，造成国有资产流失。

六、对外投资活动内部控制的主要措施

（一）不相容职务相互分离控制

建立对外投资业务的岗位责任制；

对外投资业务的不相容职务相互分离、相互制约。不相容职务有：对外投资预算的编制与审批；对外投资项目的分析论证与评估；对外投资的决策与执行；对外投资处置的审批与执行；对外投资业务的执行与相关会计记录。具体来说：①投资计划的编制人、可行性论证人与计划审批人应当分离；②证券投资的购入人、出售人与相应的会计记录、核算人应当分离；③股票、债券的保管人与负责股票、债券交易的经手人应当分离；④股票、债券的保管人与盘点人应当分离；⑤以固定资产、无形资产对外投资的，投资项目的管理人与参与监控的财务人员等应当分离。

（二）授权审批控制

第一，投资决策的作出、投资合同的签订、投资资产的处置等必须履行严格的审批手续。明确审批人的授权批准方式、权限、程序、责任及相关控制措施，规定经办人的职责范围和工作要求。

第二，严禁未经授权的部门或人员办理对外投资业务。单位任何人无权独立作出重大投资决策，任何未经授权批准的投资行为，无论该种行为是否造成经济损失，都应当受到调查和追究。经过授权的人员，必须在授权范围内开展和执行业务，任何越权行为都必须受到追究。

第三，制定对外投资业务流程，明确投资决策、投资执行、投资持有、对外投资处置等环节的内部控制要求，如实记录各环节业务开展情况。

（三）对外投资立项控制

第一，加强对外投资预算的管理，保证对外投资预算符合国家产业政策、单位发展战略要求和社会需要。

第二，应考虑对外投资的品种、行业、时间、预计的投资收益，然后对要投资的项目进行调查并收集相关信息，对已收集到的信息进行分析、讨论，并对被投资单位的资信情况进行调查或实地考察，报审批部门决定是否立项。

第三，单位可授权投资部门或委托其他相关单位的中介机构或中介人对已立项的对外投资项目进行评估，主要评估该投资项目内、外的相关风险，比较并选择投资方案，提出对外投资建议，使对外投资风险降到最低程度。

第四，对重大投资项目进行可行性研究。财会部门应对投资项目所需资金、预期现金流量、投资收益以及投资的安全性等进行测算和分析，不能局限于某一时点或某几个时点，而是要评价投资项目有效性在一定时期内能否持续发挥作用。

第五，建立对外投资决策及实施的责任制度。单位对外投资，应当由单位领导班子集体研究决定，重大投资项目决策实行集体审议联签。

（四）对外投资的投放与管理控制

加强对投资项目的追踪管理，及时、全面、准确地记录对外投资的价值变动和投资收益情况。

第一，在选择了最优投资方案后，编制投资计划，严格按照计划确定的项目、进度、时间、金额和方式，投出资产提前或延退，投出资产、变更投资额、改变投资方式、中止投资等，应当经决策机构审批。

第二，在股权投资中，需要签订合同的，应先进行谈判并经审查批准后签订投资合同，相关谈判需由两人以上参加。

第三，股权投资要指定专门的部门或人员对投资项目进行跟踪管理，及时掌握被投资单位的财务状况和经营情况；被投资单位召开董（监）事会或股东会，投资单位应事前进行认真研究，并经领导集体审议形成一致意见后，委派董（监）事长或董事、监事以及公司其他人员参加，相关人员要及时向领导和主要负责人汇报被投资单位的一些重大投资、经营事项和问题；债权投资要及时关注发行债券单位的财务信用状况和投资债券的风险情况。

第四，加强对投资收益收取的控制，及时足额收取投资收益，每月最后一个工作日由出纳或两位保管人员，与债权核算岗位人员共同完成债权凭证的清查盘点工作，填写债权凭证盘点明细表，逐一与债权投资台账、明细账核对，同时债权核算岗位人员核对债权投资总账和明细账。

第五，加强对外投资有关权益证书的管理，指定专门的部门或人员保管权益证书，建立详细的记录。财会部门与相关管理部门和人员应定期核对有关权益证书；由两位非债权投资核算人员分别保管领取债权凭证的密码和钥匙，存取债权凭证必须由两位保管人员经财会部门负责人批准后共同完成，填写存取记录，经手人签字。

第六，加强对外投资业务的会计核算，严禁账外设账。由于对外投资资产的价值会受到各种因素的影响而经常变动，在财务部门设置对外投资总账的基础上，投资部门或其他相关部门还应根据投资业务的种类、时间先后分别设立对外投资明细登记簿，定期或不定期地进行对账，确保投资业务记录的正确性，防止个别人员为了达到某种目的而不择手段地故意歪曲对外投资资产的真实价值。

（五）对外投资的处置控制

第一，投资收回的资产，应及时足额收取，提前或延期收回对外投资的，应经集体审议批准。

第二，转让、核销对外投资，应经集体审议批准。在股权投资中，核销对外投资应取得因被投资单位破产等不能收回投资的法律文书和证明文件。

第三，正确进行对外投资资产处置的相关会计处理，保证收回资产的安全和完整。

第四，加强对审批文件、投资合同或协议、投资计划书、对外投资处置文件等资料的管理。

（六）对外投资的监督检查

行政事业单位的对外投资应建立责任追究制度。对在对外投资中出现重大决策失误、未履行集体决策程序和不按规定执行对外投资业务的部门及人员，应当追究相应的责任。

定期由专门机构或者指定专门人员负责检查对外投资业务相关岗位及人员配备情况；

定期检查对外投资业务授权批准制度的执行情况；

定期检查对外投资业务的决策情况；

定期检查对外投资资产的投出情况；

定期检查对外投资持有资产的管理情况；

定期检查对外投资的资产处置情况；

定期检查对外投资的会计处理情况。

（七）对外投资的评价

第一，行政事业单位应对投资执行情况进行总体评价，然后写出评价报告，对涉及会计工作的各项经济业务、内部机构和岗位在对外投资内部控制上存在的缺陷提出改进建议。

第二，对执行对外投资内部控制制度成效显著的内部机构和人员提出表彰建议，对违反内部控制制度的内部机构和人员提出处理意见。

第三，聘请中介机构或相关专业人员对本单位对外投资内部控制制度的建立、健全及有效实施进行评价。接受委托的中介机构或相关专业人员应当对委托单位已建立的对外投资内部控制制度存在的重大缺陷提出书面检查报告，最终促使行政事业单位对外投资内部控制制度日益完善。

第四节　实物资产管理内部控制

一、概念界定

行政事业单位实物资产包括房屋及建筑物、专用设备、一般设备、文物、陈列品、图书、办公用品和低值易耗品等。

二、实物资产内部控制的目标及整体风险

（一）实物资产内部控制的目标

实物资产的取得依据应当充分适当，决策和审批程序应当明确；

实物资产的取得、验收、使用（领用）、维护、盘点、处置和转移等环节的控制流程应当清晰，对实物资产的购置（投资）预算、供应商的选择、

验收使用、维护保养（保管）、内部调剂、盘点、重要材料物资的接触条件，以及报废处置的原则及程序应当有明确的规定，以促进实物资产各环节运营效率的提高；

避免实物资产的流失或浪费，有效维护实物资产的安全、完整；

确保实物资产能够得到合理配置和有效利用；

实物资产的价值核算、处置等会计处理方法应当符合国家统一会计制度的规定。

（二）实物资产内部控制的整体风险

当前，行政事业单位"重资金分配、轻资产管理"的现象依然比较严重。行政事业单位在运营过程中，如果对实物资产更新改造不够、维护不当，可能导致资产价值贬损、使用效能低下、安全事故频发或资源浪费等风险。对于图书、办公用品或低值易耗品，虽然其价值较低，但是由于其数量较多，所以应该加强此类实物资产的定期盘点，保证账实相符。

三、实物资产管理的特点

要加强实物资产管理、提高管理效率，必须明确实物资产管理的特点：第一，实物资产中的固定资产由于价值比较大，购置选择必须慎重，且固定资产往往具有不可替代性和专用性，所以其管理的技术能力要求也较强，需要由内行的、责任心强的专职人员来管理，并落实责任制，以保证出现问题后将责任追究到底，彻底解决；第二，实物资产管理需要各部门的全力支持，通力协作，实物资产应用于行政事业单位运行的各个环节，对其管理也贯穿于行政事业单位运行的始终，对其维护和管理不仅是专职人员的义务，所有相关部门必须共同参与，这样才能全面保证管理质量和使用效率；第三，因每项实物资产都有不同的用途，并且种类繁多，实物资产的会计核算比较具体而又复杂，方法较多，针对性强，因此工作量比较大，对会计人员的职业技能要求也较高。

四、实物资产内部控制的主要内容

（一）分工与授权控制

分工与授权控制是指明确相关岗位责任分工、权限范围和审批程序，确保机构设置和人员配备合理。

（二）取得和验收控制

取得和验收控制包括加强对单位实物资产申请、审批、采购、验收、付款、账务处理、产权登记等环节的控制。

（三）使用和维护控制

使用和维护控制包括加强对实物资产使用权限、审批程序、登记、盘点，以及固定资产维修、保养、定期检查等方面的控制。

（四）处置与转移控制

处置与转移控制包括加强对实物资产处置的范围、标准、程序和审批权限以及审计考评等方面的控制。

五、实物资产的基本业务流程

（一）实物资产的取得

实物资产的取得方式一般有外购、自行建造、接受捐助、其他单位无偿划拨转入、非货币性资产交换换入等。一般情况下，实物资产取得的流程应当以预算作业为起点，包括请购程序、采购程序和验收入库程序。

（二）实物资产的日常维护

实物资产的日常维护主要是指实物资产的使用和运行维护，包括日常维修和保养。

（三）实物资产的更新改造

实物资产的更新改造是指以新的实物资产替换到期报废的旧的实物资产，或以新的技术装备对原有的技术装备进行改造，一般分为部分更新和整体更新两种方式。

（四）实物资产的处置

实物资产因不能继续使用或不合格而处置，包括期满正常处置和使用期未满非正常处置两种情况。

六、实物资产管理的主要风险点分析

（一）实物资产预算管理环节

实物资产预算管理的主要风险点是：因可行性分析不到位、预算不当、预算不严而造成项目搁置或是重复浪费；没有编制预算或者没有按照资产购置标准编制购置预算，缺乏资产使用现状作为购置依据。

（二）实物资产采购环节

实物资产采购环节的主要风险点是：授权审批制度不健全、岗位分工不合理而产生舞弊行为的风险。

（三）实物资产验收入库环节

实物资产验收入库环节的主要风险点是：新增实物资产验收程序不规范，可能导致资产质量不符合要求，进而影响资产运行效果；实物资产登记内容不完整，可能导致资产流失、资产信息失真、账实不符；验收报告未能及时编制和科学审核。

（四）实物资产领用环节

实物资产领用环节的主要风险点是：领用单的填制和审批；领用后资产使用部门的登记和卡片管理。

（五）实物资产日常使用维护环节

实物资产日常使用维护环节的主要风险点是：实物资产因保管不善、操作不当引起的被盗、毁损、事故等；固定资产失修或维护过剩，可能造成资产使用效率低下、资源浪费；因长期闲置造成资产毁损，失去使用价值；未及时办理保险或投保制度不健全，可能导致应投保资产未投保、索赔不力，从而不能有效防范资产损失风险。

（六）实物资产内部调剂环节

实物资产内部调剂环节的主要风险点是：实物资产调拨单的编制、审核与确认，尤其是接受实物资产的资产管理责任人对调入资产的确认。

（七）实物资产更新改造环节

实物资产更新改造环节的主要风险点是：固定资产更新改造不够，可能导致资产老化，影响单位工作效率。

（八）实物资产报废淘汰及处置环节

实物资产报废淘汰及处置环节的主要风险点是：实物资产估值不准确；实物资产报废处置方式不合理、不规范，可能造成国有资产损失；处置方案、报告的编制和审核。

（九）实物资产清查盘点环节

实物资产清查盘点环节的主要风险点是：实物资产丢失、毁损造成账实不符或资产贬值严重；清查方案的编制和审核、清查报告的编制和审核；

盘盈盘亏处理。行政事业单位应当建立实物资产清查制度，至少每年进行一次全面清查，保证实物资产账实相符；及时掌握资产的使用情况和市场价值；实物资产清查中发现的问题，应当查明原因，追究责任，妥善处理。

七、实物资产管理内部控制的关键控制措施

（一）授权审批控制措施

行政事业单位应当建立实物资产业务的授权批准制度，明确授权审批的方式、程序和相关控制措施，规定审批人的权限、责任，以及经办人的职责范围和工作要求。严禁未经授权的机构或人员办理实物资产业务。审批人应当根据实物资产业务授权批准制度的规定，在授权范围内进行审批，不得超越审批权限。经办人在职责范围内，应按照审批人的批准意见办理实物资产业务，对于审批人超越授权范围审批的实物资产业务，经办人有权拒绝办理，并及时向上级部门报告。

（二）归口管理控制措施

对资产实施归口管理应明确资产使用和保管责任人，落实资产使用人在资产管理中的责任。贵重资产、危险资产、有保密等特殊要求的资产应当指定专人保管、专人使用，并规定严格的接触限制条件和审批程序。单位应当按照国有资产管理的相关规定，明确资产的调剂、租借、对外投资、处置的程序、审批权限和责任，并借助专业的资产评估机构对资产价值进行评估。

（三）岗位分工控制措施

行政事业单位应当建立实物资产业务的不相容岗位和职务分离制度，明确相关部门和岗位的职责、权限，确保办理实物资产业务的不相容岗位相互分离、制约和监督；不得由同一部门或个人办理实物资产的全过程业务。不相容的岗位和职务包括：实物资产购置与投资预算的编制；实物资产的请购与审批、审批与执行；实物资产的采购、验收与款项支付；实物资产投保的申请与审批；实物资产处置的申请与审批、审批与执行；实物资产的取得、保管与处置业务的执行。

第八章　内部项目合同控制

第一节　建设项目概述与目标

建设项目投入资金量大、建设工期长、涉及环节多、各种利益关系错综复杂，是相关经济犯罪和腐败案件的"高发区"。现实生活中，政府机关楼堂馆所奢侈浪费、项目资金高估冒算、招投标环节的暗箱操作、工程质量参差不齐，引发社会各界的批评和关注，也极大地影响了党和政府的形象。因此，加强建设项目内部控制具有重要意义。

一、建设项目概述

建设项目是指行政事业单位自行或者委托其他单位进行的建造、安装活动，包括建造房屋及建筑物、基础设施建设、大型设备安装和大修等。建设项目一般规模大、耗资多、周期长、技术和工艺复杂，涉及立项可研、工程设计、建造施工、工程监理、投资审计等各门类业务，所以建设项目管理涉及大量的规章制度，各项规章制度也对建设项目的管理包括内部控制提出了相应的要求。那么作为内部控制的对象，如何解决建设项目内部控制与建设项目管理各项制度的关系呢？

首先，建设项目涉及多个主体，包括业主单位（一般就是行政事业单位本身）、建设单位、设计单位、施工单位、监理单位、招标代理机构和政府有关部门等。自行建造的项目其业主单位和建设单位是一致的，委托建造的项目则有所不同。目前不少地方指定政府机关的办公用房和职工住宅由同级政府机关事务管理局统一建造，这样机关事务管理局就是建设单位，而业主单位则是项目完成后占有和使用该项目的单位。作为行政事业单位内部控制的一部分，我们应立足于行政事业单位本身，即从建设单位的角度来考虑建设项目的管理。

再者，建设项目控制针对的主要是立项可研、投资审计和各种手续办理的内容，即主要涉及建设项目立项审批的科学合理和手续的完备、招投标的合法性、项目投资的合理性、项目资金结算的合法合规和竣工验收的完整合规等内容。

二、建设项目的控制目标

行政事业单位建设项目内部控制目标包括以下几方面：

（一）项目立项科学合理

建设项目立项经过严格周密论证，符合国家有关投资、建设、安全、消防、环保等规定及单位内部规章制度，符合国家和单位的利益，技术上可行，能够产生预期经济和社会效益。党政机关单位还应当严格执行党和国家有关楼堂馆所建设的规定和资产配备标准，防止超标建设，厉行勤俭节约。

（二）决策过程合法合规

单位应当明确投资决策程序，建设项目应当实行集体决策，妥善保管决策过程文件资料。

（三）建立与建设项目相关的审核机制

项目建议书、可行性研究报告、概预算、竣工决算报告等经由单位内部的规划、技术、财会、法律等相关工作人员或根据国家有关规定委托具有相应资质的中介机构进行审核，出具评审意见。

（四）招标过程合法合规

依据国家有关规定组织建设项目招标工作，并接受有关部门的监督，招标采取签订保密协议、限制接触等必要措施，确保标底编制、评标等工作在严格保密的情况下进行，防止各种舞弊行为。

（五）建设过程控制有效

办理完善各项手续，避免违法建设；施工管理有序，安全质量和工程进度控制有效；严格控制工程洽商和设计变更；项目投资控制有效，加强价款支付审核，按照规定办理价款结算。

（六）竣工验收和资产移交合法合规

项目竣工后，按照规定的时限及时办理竣工决算，组织竣工决算审计，并根据批复的竣工决算和有关规定办理建设项目档案和资产移交等工作。

（七）会计核算和档案管理合理有效

根据规定建立、健全建设项目核算账户，及时处理会计核算事务，保证建设项目核算真实完整和财务报告及时准确；做好相关文件、材料的收集、整理、归档和保管工作，项目竣工验收后按有关规定移交资产接收单位或者有关政府机构。

第二节　建设项目的风险及控制环节措施

一、建设项目的主要风险

建设项目管理的主要风险点主要包括以下几个方面：

第一，立项缺乏可行性研究或者可行性研究流于形式、决策不当、盲目上马，可能导致建设项目难以实现预期经济或者社会效益，甚至导致项目失败；党政机关违规或超标建设楼堂馆所，可能导致财政资金极大浪费，影响党和政府的形象。

第二，设计方案不合理，设计深度不足，导致建设项目质量存在隐患、投资失控以及投产后运行成本过高等；工程造价信息不对称，概预算脱离实际，技术方案未能有效落实，设计标准引用不当，设计错误或存在缺陷，设计变更频繁等，扩大建设项目管理的质量风险和投资风险。

第三，招标人未做到公平、合理，如任意分解工程项目致使招标项目不完整，或逃避公开招标；招标人为指定单位设置资格条件、评标规则等，从而可能导致中标价格失实，中标人实质上难以承担工程项目；招标人与投标人串通，存在暗箱操作或商业贿赂等舞弊行为；投标人与投标人私下合作围标，以抬高价格或确保中标；开标不公开、不透明，损害投标人利益；投标人资质条件不符合要求或挂靠、冒用他人名义投标等，导致工程质量难以保证；评标委员会成员缺乏专业水平，或者招标人向评标委员会施加影响，使评标流于形式；评标委员会与投标人串通作弊，损害招标人利益。

第四，现场控制不当、项目变更审核不严格、工程变更频繁导致的费用超支、工期延误等风险；工程物资采购、收发、保管、记录不完整，材料质次价高引起的成本风险；建设项目价款结算管理不严格，价款结算不及时，项目资金不落实、使用管理混乱可能导致工程质量低劣、进度延迟或中断的风险。

第五，竣工验收不规范、最终把关不严，可能导致工程交付使用后存在重大隐患；虚报项目投资完成额、虚列建设成本或者隐匿结余资金，未经独立竣工财务决算审计，可能导致竣工决算失真。

二、建设项目的关键控制环节及控制措施

单位应当建立健全建设项目管理制度和廉政责任制度，通过签订建设项目管理协议、廉政责任书等，明确各方在项目决策程序和执行过程中的责任、权利和义务，以及反腐倡廉的要求和措施等。实施不相容职务相互分离，做到可行性研究与决策、概预算编制与审核、项目实施与价款支付、竣工决算与审计等不相容职务相分离，强化工程建设全过程的监控，确保工程项目的质量、进度和资金安全。

（一）立项环节

第一，单位应当建立建设项目管理决策环节的控制制度，对项目建议和可行性研究报告的编制、项目决策程序等作出明确规定，确保项目决策科学、合理。

第二，单位应当根据职责分工和审批权限对建设项目管理进行决策，决策过程应有完整的书面记录。重大的建设项目应当报经单位集体决策批准。严禁任何个人单独决策建设项目管理或者擅自改变集体决策意见。单位应当建立建设项目管理决策及实施责任制度，明确相关部门及人员的责任，定期或不定期地进行检查。

（二）设计与概预算环节

第一，单位应当建立相应的设计单位选择程序和标准，严格审查设计单位证书的等级，择优选取具有相应资质的设计单位，并签订合同。重大工程项目应采用招投标方式选取设计单位。

第二，单位应加强对建设项目设计过程的控制，组织相关部门及专业技术人员对设计方案进行分阶段审核，监督设计工作，确保设计方案的使用、经济、合理，以及与经批准的可行性研究报告所确定的涉及范围的一致性。

第三，单位应当建立建设项目概预算环节的控制制度，对概预算的编制、审核等作出明确的规定；应当组织工程、技术、财会等部门的相关专业人员对编制的概预算进行审核，重点审查编制依据、项目内容、工程计量的计算、

定额套用等是否真实、完整、准确。

（三）招标环节

第一，单位应当建立建设项目招投标管理办法，根据项目的性质和标的金额，明确招标范围和要求，规范招标程序，不得人为肢解工程项目，规避招标。单位应当采用招标形式确定设计单位和施工单位，遵循公开、公正、平等竞争的原则，发布招标公告。

第二，单位可以根据项目特点决定是否编制标底。需要编制标底的，可以自行或委托具有相应资质的中介机构编制标底。财务部门应当审核标底计价内容、计价依据的准确性和合理性，以及标底价格是否在经批准的投资限额内。标底一经审定应密封保存，直至开标时，所有接触过标底的人员均负有保密责任，不得泄露。一旦出现泄露，不仅要按规定追究有关责任人的法律责任，还要及时终止或延迟开标，待重新制定标底后再组织开标。

第三，单位应当组建评标小组负责评标。评标小组应由单位的代表和有关技术、经济方面的专家组成。评标小组应客观、公正地履行职务，遵守职业道德，对所提出的评审意见承担责任。评标小组应采用招标文件规定的评标标准和方法，对投标文件进行评审和比较，择优选择中标候选人，评标小组对评标过程应进行记录，评标结果应有充分的评标记录作为支撑。

第四，单位应当按照规定的权限和程序从中标候选人中确定中标人，及时向中标人发出中标通知书，在规定的期限内与中标人订立书面合同，明确双方的权利、义务和违约责任。

（四）项目实施环节

第一，单位应当实行严格的建设项目监理制度。建设项目监理人员应当具备相应的资质和良好的职业操守，深入施工现场，做好建设项目进度和质量的监控，及时发现和纠正建设过程中的问题，客观公正地执行各项监理任务。未经工程监理人员签字，工程物资不得在工程上使用或者安装，不得进行下一道施工工序，不得拨付工程价款，不得进行竣工验收。

第二，单位应当建立建设项目进度价款支付环节的控制制度，对价款支付的条件、方式以及会计核算程序作出明确规定，准确掌握工程进度，根据合同约定，及时、正确地支付工程款。

实行国库集中支付的建设项目，单位应当按照财政国库管理制度相关规定，根据项目支出预算和工程进度办理资金支付等相关事项。

第三，单位应当按照审批单位下达的投资计划（预算）专款专用，按规定标准开支，严禁截留、挪用和超批复内容使用资金。

经批准的投资概算是工程投资的最高限额，未经批准，不得突破，单位应当杜绝超规模、超概预算现象的发生。

第四，对于自行建造的建设项目以及以包工不包料方式委托其他单位承担的建设项目，单位应当建立与工程物资采购、验收和付款相关的控制程序；由承包单位采购工程物资的，单位应当加强监督，确保工程物资采购符合设计标准和合同要求。严禁不合格工程物资投入工程项目建设。

第五，单位应严格控制项目变更，对于必要的项目变更应经过相关部门或中介机构（如建设项目监理、财务监理等）的审核。重大项目变更应比照项目决策和预算控制的有关程序严格控制。因建设项目变更等原因造成价款支付方式及金额发生变动的，应当提供完整的书面文件和其他相关资料。单位会计人员应当对建设项目变更所涉及的价款支付进行审核。

第六，单位应当加强对建设项目资金的筹集与运用。物资采购与使用、财产清理与变现等业务的会计核算，应当真实、完整地反映建设项目成本发生情况、资金流入流出情况及财产物资的增减变动情况。

（五）竣工验收环节

第一，单位应当建立竣工决算环节的控制制度，对竣工清理、竣工决算、决算审计、竣工验收等作出明确规定，确保竣工决算真实、完整、及时。

第二，单位应依据国家法律法规的规定，及时组织审核竣工决算，重点审查决算依据是否完备，相关文件资料是否齐全，竣工清理是否完成，决算编制是否正确。

第三，单位应当建立竣工决算审计制度，及时组织竣工决算审计。未经竣工决算审计的建设项目，不得办理资产验收和移交手续。

第四，单位应当及时组织设计、施工、监理等有关单位对建设项目进行竣工验收，确保建设项目质量符合设计要求，应对竣工验收进行审核，重点审查验收人员、验收范围、验收依据、验收程序等是否符合国家有关规定，并可聘请专业人士或中介机构帮助单位验收。验收合格的建设项目，应当及时编制财产清单，办理资产移交手续，并加强对资产的管理。

第五，单位应建立建设项目后评估制度，对完工建设项目的经济性与项目建议书和可行性研究报告提出的预期经济目标进行对比分析，作为绩效考评和责任追究的基本依据。

（六）会计核算环节

第一，单位应当按照国家统一的会计制度的规定设置会计账簿，统一建设项目的会计政策和会计科目，明确建设项目相关凭证、会计账簿和财务报告的处理程序与方法，遵循会计制度规定的各条核算原则。

第二，单位应当如实记载业务的开展情况，妥善保管相关记录、文件和凭证，确保建设过程得到全面反映。

第三，财务部门会计人员应当认真审核建设项目相关手续，根据审核无误的有关单据，及时归集建设项目成本，并进行账务处理。

第三节　合同管理概述与目标

为明确双方的权利义务，行政事业单位的很多对外经济活动往来需要与对方签订合同。合同业务是行政事业单位经济活动业务的重要组成部分，完善合同控制，有利于维护行政事业单位的权益，防范与控制相关的法律和业务风险，提高管理效率。

（一）合同管理概述

1.合同概念界定

合同可分为一般民事合同、经济合同、劳动合同和行政合同，行政事业单位订立的合同主要是经济合同。经济合同是指平等民事主体的法人、其他经济单位、个体工商户、农村承包经营户相互之间，为实现一定的经济目的，明确相互权利义务关系而订立的合同。行政事业单位的经济合同是行政事业单位与自然人、法人及其他单位等平等主体之间设立、变更、终止民事权利义务关系的协议，主要包括采购合同、工程合同、租赁合同、借款合同、财产保险合同以及其他经济合同，一般以书面合同为主。

经济合同订立、履行、变更、解除、转让、终止是经济合同控制的内容，经济合同的审查、监督、控制是单位经济合同控制的主要手段。经济合同控制，就是找出经济合同磋商、订立、履行、变更、解除、终止等各个环节的风险点并加以控制，以规避风险的发生，达到预期的目的。

2. 合同控制的特点

（1）合同双方是平等的民事主体

行政事业单位开展的运营管理活动中，行政事业单位与对方经常不是平等的民事主体，而且行政事业单位经常处于强势地位。但是，在经济合同中，合同的主体是平等的民事主体，这就要求无论是行政事业单位还是企业，都必须按照法律的规定和市场经济的规则办事。

（2）合同控制具有全程性

从经济合同的项目论证、对方当事资信调查、经济合同谈判、文本起草、修改、签约、履行或变更解除、纠纷处理的全过程，都应有法律顾问部门参与，不仅仅重视经济合同订立前的工作，更要重视订立之后的履行和后续管理，才能有效维护单位的合法权益。

（3）合同控制具有系统性

行政事业单位很多经济活动都需要签订各种经济合同来进行规范。经济合同控制贯穿于单位日常经营始终，涵盖了资金管理、采购管理、工程项目管理等业务，涉及单位的各个部门，需要各部门共同参与管理。但是经济合同本身的特征决定了经济合同控制不同于单位内部的生产、人事、财务等管理工作，已超越了单位自身的界限，使之成为一种受法律规范和调整的社会关系，涉及大量的法律专业问题，所以应采取由法律部门统一归口管理和各业务部门、各单位分级负责的模式。

（二）合同管理的控制目标

行政事业单位合同管理的控制目标是：

第一，完善合同管理体制，明确单位合同归口管理部门，对单位的合同事务实行审核把关、统一管理，确保签订合同的格式、内容合法合规，符合单位利益。

第二，建立完善的订立合同的授权审批制度，单位各部门和个人对外签订合同应经过合法授权，不签订超出有关规定范围的合同；加强合同订立的审核把关，签订合同应有财务人员参与或者经财务部门审核，确保单位具有履约的财力保证。

第三，对合同对方主体资格进行了充分调查，确保对方具有履约资格和能力，减少合同违约风险。

第四，加强对合同履行的监控，建立合同纠纷处理机制，合理解决合同履行中出现的各项纠纷，确保单位利益不受损失。

第五，建立合同评价制度，对合同履行的总体情况和重大合同履行的具体情况进行分析评估，以便改进不足，促进合同管理水平的提高。

（三）合同管理业务流程

经济合同控制的基本业务流程包括合同策划、合同调查、初步确定准合同对象、合同谈判、拟定合同文本、合同审核、合同正式签署、合同履行、合同变更或转让、合同终止、合同纠纷处理、合同归档保管、合同执行情况评价等环节。这些环节从大的方面可以划分为合同订立环节和合同履行环节。其中合同订立环节包括合同策划、合同调查、合同谈判、合同文本拟定、合同审批、合同签署等环节；合同履行环节涉及合同履行、合同补充和变更、合同解除和终止、合同结算、合同纠纷处理等环节，此外还有合同履行后续环节，包括合同登记、合同归档管理等环节。

第四节　合同管理的风险及控制环节措施

一、合同管理的主要风险

合同控制薄弱、管理不严会导致经济合同纠纷甚至经济犯罪案件，这些薄弱环节体现在经济合同控制的始终，也就是说，在经济合同控制的每一个流程中均可能存在风险。

（一）合同订立环节

应当签订合同的却不签订合同，或者将需要招标管理或需要较高级别领导审批的重大经济合同拆分成金额较小的若干不重要的经济合同，或者违规签订担保、投资和借贷合同，可能导致单位利益受损；

对合同对方的主体资格审查、跟踪不严，对方当事人不具有相应能力或资格，导致经济合同无效或引发潜在风险；

未组织熟悉技术、法律和财务知识的人员参与谈判，可能导致拟定的合同文本有损单位利益；

对经济合同内容和条款审核把关不严可能导致单位利益受损；

合同签订人未经授权或者超越权限签订合同。

（二）合同履行环节

未能按照合同约定履行合同，可能导致单位利益受损或者遭受诉讼；

合同履行监控不严，未能及时发现已经或可能导致单位利益受损的情况，或未能采取有效措施；

违反合同条款，未按合同规定期限、金额或方式付款，或者在没有合同依据的情况下盲目付款，或未能及时催收到期合同款项。

（三）合同纠纷处理环节

未建立合同纠纷处理的有效机制，纠纷处理不当，可能导致单位利益受损；

未收集充分的对方违约行为的证据，导致本单位在纠纷处置过程中处于举证不力的地位；

未按照合同约定追究对方的违约责任，可能导致单位应享有的利益受损。

（四）合同登记环节

合同保管不当，未经适当的登记管理，未移交给需要的部门，导致合同丢失或者无法履行等风险；

泄露合同订立与履行过程中涉及的国家秘密、工作秘密或商业秘密，导致单位或国家利益受损。

二、合同管理的关键控制环节及控制措施

单位应当加强合同管理，确定合同归口管理部门，建立健全管理制度，明确合同管理审批机制，定期检查和评价合同管理中的薄弱环节，采取相应控制措施，促进合同有效履行。

（一）合同订立环节

1. 加强合同策划管理

明确应当签订合同的业务和事项范围，凡是应当签订合同的业务和事项都应当签订书面合同，以明确双方权利义务；不得将需要招标管理或需要较高级别领导审批的重大经济合同拆分成金额较小的若干不重要的经济合同；不得违规签订担保、投资和借贷合同；严格审核合同策划目标是否与单位职责使命和战略目标一致，加强计划管理，防止因签订合同导致超计划投资、超成本支出。

2. 加强合同调查管理

调查人员应当由专业素质高和责任心强的工作人员担任，应当详细审查对方的资信情况，包括营业执照是否有效、拟签订的合同内容是否在对方的经营范围之内、对方是否具有履约能力等。

3. 加强合同谈判管理

单位应当根据市场实际情况选择适宜的洽谈方式，一般情况下合同谈判应实行集体会审制，超过一定数额的物资采购项目和投资项目要在审计、监察部门的监督下，严格按照招标程序进行公开招标；组建素质结构合理的谈判团队，谈判团队中除了有经验丰富的业务人员外，还应当有谈判经验丰富的技术、财会、审计、法律等方面的人员参与谈判；影响重大、涉及较高专业技术或法律关系复杂的合同还应当聘请外部专家参与合同的相关工作，并充分了解外部专家的专业资质、胜任能力和职业道德情况；在整个谈判过程中加强保密工作，对谈判过程中的重要事项和参与谈判人员的主要意见，建立严格的责任追究制度。

4. 加强合同文本拟定审核管理

明确单位对外发生经济行为，除即时结清方式外，应当订立书面合同；合同文本一般由业务承办部门起草，法律部门审核，重大合同或法律关系复杂的特殊合同应当由法律部门参与起草，各部门应当各司其职，保证合同内容和条款的完整准确；由签约对方起草的合同，单位应当认真审查，确保合同内容准确反映单位诉求和谈判达成的一致意见；建立会审制度，对影响重大或法律关系复杂的合同文本，单位财务部门、内审部门、法律部门、业务关联的相关部门要进行审核。

5. 加强合同签署管理

严格划分各类合同的签署权限，严禁超越权限签署合同，授权签署合同的，应当签署授权委托书；严格合同专用章保管制度，合同经编号、审批及单位法定代表人或由其授权的代理人签署后，方可加盖合同专用章，确保只为符合管理程序的合同文本加盖合同印章；采取恰当措施，防止已签署的合同被篡改，如在合同各页码之间加盖骑缝章、使用防伪印记、使用纸质合同书、使用不可编辑的电子文档格式等方法对合同内容加以控制，防止对方单方面改动合同文书；按照国家有关法律、行政法规的规定，需办理批准、登记等手续之后方可生效的合同，单位应当及时按规定办理相关手续。

（二）合同履行环节

1.加强合同履行监控

强化对合同履行情况及效果的检查、分析和验收，全面执行本单位义务，敦促对方积极执行合同，确保合同全面有效履行；对合同对方的合同履行情况实施有效监控，一旦发现有违约可能或违约行为，应当及时提示风险，并立即采取相应措施将合同损失降到最低；合同履行出现异常，要根据需要及时补充、变更甚至解除合同。

2.合同补充、变更、转让和终止管理

明确规定合同变更或转让需向相关负责人报告；合同变更或转让的内容和条款必须与当事人协商一致；变更或转让后的合同视同新合同，需履行相应的合同控制程序等；明确规定合同终止的条件以及应当办理的相关手续；指定专人对合同终止手续进行复核。

3.合同结算

财务部门应当在审核合同条款后办理结算业务，按照合同规定付款，及时催收到期欠款，指定专人负责合同履行，建立合同履行信息管理台账，掌握合同履行进展状态，在临近付款期限的合理时间进行提示；合同承办人员收集发票、交货凭证等资料，并在规定时间内提交资金结算人员按时办理结算；未按合同条款履约或应签订书面合同而未签订的，财务部门有权拒绝付款，并及时向单位领导报告；付款必须有业务经办人、业务部门负责人、财务部门负责人、单位领导在申请付款审批单上的签字，同时要加盖合同审核专用章。

（三）合同纠纷处理环节

在履行合同过程中发生纠纷的，应当依据国家相关法律法规，在规定时效内与对方当事人协商并按规定权限和程序及时报告，合同纠纷经协商一致的，双方应当签订书面协议；合同纠纷经协商无法解决的，根据合同约定选择仲裁或诉讼方式解决；纠纷处理过程中，未经授权批准，相关经办人员不得向对方当事人做出实质性答复或承诺。

（四）合同登记环节

合同控制部门应当加强合同登记管理，充分利用信息化手段，定期对合同进行统计、分类和归档，详细登记合同的订立、履行和变更、终结等情况，合同终结应及时办理销号和归档手续，以实行合同的全过程封闭管理；建立合同文本统一分类和连续编号制度，以防止或及早发现合同文本的遗失；加强合同信息安全保密工作，未经批准，任何人不得以任何形式泄露合同订立与履行过程中涉及的国家或商业秘密；明确规定合同控制人员的职责，规定合同借阅的审批程序，对合同保管情况实施定期和不定期的检查等。

　　综上所述，本书认为每个单位都应当设置专门的合同归口管理部门，这个部门不应当是财务部门，因为很多合同可能与资金无关。并且，不同的合同可以采取不同的会签流程，这样才可以提高效率。例如，标准合同与非标准合同相比，后者的审核可以严格一些，会签流程可以更多，前者可以简化，同样，收款合同和付款合同的会签流程也应当有差异，收款合同主要审核收费标准有无明显降低，注意规避通过压低合同价格取得回扣的现象。也就是说，合同控制也要考虑效率和风险控制的统一，而不是一味地强调严格管理。

第九章 内部控制评价审计

第一节 内部控制评价

一、内部控制评价概述

（一）内部控制评价的作用

内部控制评价是指其董事会或类似权力机构对内部控制有效性进行全面评价、形成评价结论、出具评价报告的过程。它是对内部控制有效性进行鉴别的过程，是内部控制监管的重要环节。内部控制评价的主要作用具体可从以下几方面分析：

第一，内部控制评价有助于企业自我完善内控体系。内部控制评价是通过评价、反馈、再评价，报告企业在内部控制建立与实施中存在的问题，并持续地进行自我完善的过程。通过内部控制评价查找、分析内部控制缺陷，并有针对性地督促落实整改，可以及时堵塞管理漏洞，防范偏离目标的各种风险，并举一反三，从设计和执行方面等全方位地健全优化管控制度，从而促进企业内控体系的不断完善。

第二，内部控制评价有助于提升企业市场形象和公众认可度，企业开展内部控制评价，需形成评价结论，出具评价报告。通过自我评价报告，将企业的风险管理水平、内部控制状况以及与此相关的发展战略、竞争优势、可持续发展能力等公之于众，树立诚信、透明、负责任的企业形象，有利于增强投资者、债权人以及其他利益相关者的信任度和认可度，为自己创造更为有利的外部环境，促进企业的可持续发展。

第三，内部控制评价有助于实现与政府监管的协调互动。政府监管部门有权对内部控制建立与实施的有效性进行监督检查，事实上，在有关政府部门，比如审计机关开展的国有企业负责人离任经济责任审计中，已将内部控制的有效性，以及企业负责人组织领导内控体系的建立与实施情况纳入审计范围，并日益成为十分重要的一部分。尽管政府部门实施企业内控监督检查有其自身的做法和特点，但监督检查的重点部位是基本一致的，比如大多涉及重大经营决策的科学性、合规性以及重要业务事项管控的有效性等。实施企业内控自我评价，能够通过自查及早排查风险、发现问题，并积极整改，有利于在配合政府监管中赢得主动，并借助政府监管成果进一步改进企业内控实施和评价工作，促进自我评价与政府监管的协调互动。

（二）内部控制评价的对象

内部控制评价是对内部控制的有效性发表意见。所谓内部控制的有效性，是指企业建立与实施内部控制对实现控制目标提供合理保证的程度，包括内部控制设计的有效性和内部控制运行的有效性。其中，内部控制设计的有效性，是指为实现控制目标所必需的内部控制要素都存在，并且设计恰当；内部控制运行的有效性，是指现有内部控制按照规定程序得到了正确执行。评价内部控制运行的有效性，应当着重考虑以下几个方面：

相关控制在评价期内是如何运行的；

相关控制是否得到了持续一致的运行；

实施控制的人员是否具备必要的权限和能力。

需要强调的是，即使是同时满足设计有效性和运行有效性标准的内部控制，受内部控制固有局限影响，也只能为内部控制目标的实现提供合理保证，而不能提供绝对保证，不应不切实际地期望内部控制能够绝对保证内部控制目标的实现，也不应以内部控制目标的最终实现情况和程度作为唯一依据直接判断内部控制设计和运行的有效性。

（三）内部控制评价的组织形式和职责安排

企业应当根据本评价指引，结合内部控制设计与运行的实际情况，制定具体的内部控制评价办法，规定评价的原则、内容、程序、方法和报告形式等，明确相关机构或岗位的职责权限，落实责任制，按照规定的办法、程序和要求，有序开展内部控制评价工作。

具体明确内部控制评价的组织形式，特别明确各有关方面在内部控制评价中的职责安排，处理好内部控制评价和内部监督的关系，定期由相对独立的人员对内部控制有效性进行科学的评价，界定内部控制缺陷认定标准，保证内部控制评价有序地开展。

1. 内部控制评价的组织形式

企业可以授权内部审计机构或专门机构（简称"内部控制评价机构"）负责内部控制评价的具体组织实施工作。

内部控制评价机构必须具备一定的设置条件：一是能够独立行使对内部控制系统建立与运行过程及结果进行监督的权力；二是具备与监督和评价内部控制系统相适应的专业胜任能力和职业道德素养；三是与企业其他职能机构就监督与评价内部控制系统方面应当保持协调一致，在工作中相互配合、相互制约，在效率效果上满足企业对内部控制系统进行监督与评价所提出的有关要求；四是能够得到企业董事会和经理层的支持，有足够的权威性来保证内部控制评价工作的顺利开展。

具体来说，企业可根据自身特点，决定是否单独设置专门的内部控制评价机构。对于单独设有专门内部控制机构的企业，也可以由内部控制机构来负责内部控制评价的具体组织实施工作。

为了保证评价的独立性，负责内部控制设计和评价的部门应适当分离。

企业可以委托会计师事务所等中介机构实施内部控制评价。此时，董事会（审计委员会）应加强对内部控制评价工作的监督与指导。从业务性质上讲，中介机构受托为企业实施内部控制评价是一种非保证服务，内部控制评价报告的责任仍然应由企业董事会承担。为保证审计的独立性，为企业提供内部控制审计的会计师事务所，不得同时为同一家企业提供内部控制评价服务。

2. 有关方面在内部控制评价中的职责和任务

无论采取何种组织形式，董事会、经理层和内部控制评价机构在内部控制评价中的职能作用不会发生本质的变化。一般来说：

（1）董事会对内部控制评价承担最终的责任。企业董事会应当对内部控制评价报告的真实性负责。董事会可以通过审计委员会来承担对内部控制评价的组织、领导、监督职责。董事会或审计委员会应听取内部控制评价报告，审定内控重大缺陷、重要缺陷整改意见，对内部控制部门在督促整改中遇到的困难，积极协调，排除障碍。监事会应审议内部控制评价报告，对董事会建立与实施内部控制进行监督。

（2）经理层负责组织实施内部控制评价工作，实际操作中，可以授权内部控制评价机构组织实施，并积极支持和配合内部控制评价的开展，创造良好的环境和条件。经理层应结合日常掌握的业务情况，为内部控制评价方案提出应重点关注的业务或事项，审定内部控制评价方案和听取内部控制评价报告；对于内部控制评价中发现的问题或报告的缺陷，要按照董事会或审计委员会的整改意见，积极采取有效措施予以整改。

（3）内部控制评价机构根据授权承担内部控制评价的具体组织实施任务，通过复核、汇总、分析内部监督资料，结合经理层要求，拟订合理的工作评价方案并认真组织实施；对于评价过程中发现的重大问题，应及时与董事会、审计委员会或经理层沟通，并认定内部控制缺陷，拟订整改方案，编写内部控制评价报告，及时向董事会、审计委员会或经理层报告；与外部审计师沟通，督促各部门、所属企业对内、外部内控评价进行整改；根据评价和整改情况拟订内部控制考核方案。

（4）各专业部门应负责组织本部门的内控自查、测试和评价工作，按照对发现的设计和运行缺陷提出整改方案及具体整改计划，积极进行整改，并报送内部控制机构复核，配合内控机构（部门）及外部审计师开展企业层面的内控评价工作。

（5）企业所属单位，也应逐级落实内部控制评价责任，建立日常监控机制，开展内控自查、测试和定期检查评价，发现问题并认定内部控制有缺陷，须拟订整改方案和计划，报本级管理层审定后，督促整改，编制内部控制评价报告，对内部控制的执行和整改情况进行考核。

内部控制评价办法中的原则、内容、程序、方法和报告形式参考本书其他部分的规定。

二、内部控制评价内容

内部控制评价应紧紧围绕内部环境、风险评估、控制活动、信息与沟通、内部监督五要素进行。企业应结合各项应用指引以及本企业的内部控制制度，确定具体评价内容，对内部控制设计与运行情况进行全面评价。

内部环境评价应当包括组织架构、发展战略、人力资源、企业文化、社会责任等方面，组织架构评价可以重点从机构设置的整体控制力、权责划分、相互牵制、信息流动路径等方面进行；发展战略可以重点从发展战略的制定合理性、有效实施和适当调整三方面进行；人力资源评价应当重点从企业人力资源引进结构合理性、开发机制、激励约束机制等方面进行；企业文化评价应从建设和评估两方面进行，从而促进诚信、道德价值观的提升，为内部控制的完善夯实人文基础；社会责任可以从安全生产、产品质量、环境保护与资源节约、促进就业、员工权益保护等方面进行。

风险评估评价应当对日常经营管理过程中的目标设定、风险识别、风险分析、应对策略等方面进行认定和评价。

控制活动评价应对企业各类业务的控制措施与流程的设计有效性和运行有效性进行认定和评价。

信息与沟通评价应当对信息收集、处理和传递的及时性，反舞弊机制的健全，财务报告的真实性，信息系统的安全性，以及利用信息系统实施内部控制的有效性进行认定和评价。

内部监督评价应当对管理层对于内部监督的协调、监督的有效性及内部控制缺陷认定的科学性、客观性、合理性进行认定和评价。

重点关注监事会、审计委员会、内部审计机构等是否在内部控制设计和运行中有效发挥作用。

企业应当以内部控制五要素为基础，建立内部控制核心指标体系，在以上评价内容的基础上，层层分解、展开，进一步细化。对于内容不能详尽的，如控制活动涉及方方面面的业务，可以另外按业务列表增加。

具体评价内容确定后，内部控制评价工作应形成工作底稿，详细记录企业执行评价工作的内容，包括评价要素、主要风险点、采取的控制措施、有关证据资料以及认定结果等。工作底稿可以通过一系列评价表格加以实现。

三、内部控制评价的程序

（一）内部控制评价的一般程序

内部控制评价程序一般包括：制订评价工作方案、组成评价工作组、实施现场测试、汇总评价结果、编报评价报告等，概括而言，主要分为以下几个阶段：

1.准备阶段

（1）制订评价工作方案

内部控制评价机构应当根据企业内部监督情况和管理要求，分析其经营管理过程中的高风险领域和重要业务事项，确定检查评价方法，制订科学合理的评价工作方案，经董事会批准后实施。评价工作方案应当明确评价主体范围、工作任务、人员组织、进度安排和费用预算等相关内容。评价工作方案既可以以全面评价为主，也可以根据需要采用重点评价的方式。

（2）组成评价工作组

评价工作组在内部控制评价机构领导下，具体承担内部控制检查评价任务。内部控制评价机构根据经批准的评价方案，挑选具备独立性、专业胜任能力和职业道德素养的评价人员实施评价。评价工作组成员应当吸收熟悉内部相关机构情况、参与日常监控的负责人或业务骨干参加。企业应根据自身条件，尽量建立长效内部控制评价培训机制。

2. 实施阶段

（1）了解被评价单位基本情况

充分与其沟通企业文化和发展战略、组织机构设置及职责分工、领导层成员构成及分工等基本情况。

（2）确定检查评价范围和重点

评价工作组根据掌握的情况进一步确定评价范围、检查重点和抽样数量，并结合评价人员的专业背景进行合理分工。检查重点和分工情况可以根据需要进行适时调整。

（3）开展现场检查测试

评价工作组根据评价人员分工，综合运用各种评价方法对内部控制设计与运行的有效性进行现场检查测试，按要求填写工作底稿、记录相关测试结果，并对发现的内部控制缺陷进行初步认定。

3. 汇总评价结果、编制评价报告阶段

评价工作组汇总评价人员的工作底稿，初步认定内部控制缺陷，形成现场评价报告。对评价工作底稿应进行交叉复核签字，并由评价工作组负责人审核后签字确认。评价工作组将评价结果及现场评价报告向被评价单位进行通报，由被评价单位相关责任人签字确认后，提交内部控制评价机构。

内部控制评价机构汇总各评价工作组的评价结果，对工作组现场初步认定的内部控制缺陷进行全面复核、分类汇总；对缺陷的成因、表现形式及风险程度进行定量或定性的综合分析，按照对控制目标的影响程度判定缺陷等级。

内部控制评价机构以汇总的评价结果和认定的内部控制缺陷为基础，综合内部控制工作整体情况，客观、公正、完整地编制内部控制评价报告，并报送企业经理层、董事会和监事会，由董事会最终审定后对外披露。

4. 报告反馈和跟踪阶段

对于认定的内部控制缺陷，内部控制评价机构应当结合董事会和审计委员会的要求，提出整改建议，要求责任单位及时整改，并跟踪其整改落实情况；已经造成损失或负面影响的，企业应当追究相关人员的责任。

（二）内部控制评价的频率

企业每年应对内部控制进行评价并予以披露。但是内部控制自我评价的方式、范围、程序和频率，根据经营业务调整、经营环境变化、业务发展状况、实际风险水平等自行确定。国家有关法律法规另有规定的，从其规定。

另外，如果内部监督程序无效，或所提供信息不足以说明内部控制有效，应增加评价的频率。

（三）内部控制评价的方法

1. 内部控制评价指引规定的方法

评价内部控制的有效性实质是评价内部控制为相关目标的实现，提供的保证水平是否达到或超过合理保证的水平。如果保证的水平处于有效内部控制的区间内，则内部控制是有效的；如果保证的水平低于合理水平，则内部控制是无效的。从另一个角度来看，就是评价相关目标的风险在经过内部控制之后是否已经降低到了一个适当的水平，如果已经降到了一个适当的水平，则内部控制是有效的；反之，则无效。内部控制评价工作组应当对被评价单位进行现场测试，综合运用个别访谈、调查问卷、专题讨论、穿行测试、实地查验、抽样和比较分析等方法，充分收集被评价单位内部控制设计和运行是否有效的证据，按照评价的具体内容，如实填写评价工作底稿，研究分析内部控制缺陷。

2. 风险基础评价法

内部控制的另一种思路和方法不是从控制到风险，而是从风险到控制，即从内部控制相关目标实现的风险到内部控制。首先，要评估相关目标实现的风险；其次，识别和确定企业充分应对这些风险的内部控制是否存在，即评价内部控制的设计应对相关目标实现风险的有效性；再次，识别和确定内部控制运行有效性的证据，评价现有的控制是否得到了有效的运行；最后，对控制缺陷进行评估，判定是否构成实质性漏洞，确定内部控制是否有效。对于不同的目标来说，目标风险的含义、内部控制重大漏洞的含义是不相同的，在评价每一类目标时都需要做具体设定。

"风险基础"和"自上而下"的理念在这种方法中得到了充分的体现。"风险基础"主要体现在：以评估控制目标实现的风险为起点；关注重要的财务报告和披露风险与问题；仅评价充分应对风险的控制；证据的获取和场所的选择依据风险评估的结果；评价结论（内部控制是否有效）也是风险基础的内部控制，判断内部控制是否有效也是以内部控制是否很可能防止或发现财务报表中的重要错报为依据的。"自上而下"主要体现在：从财务报表整体开始，到账户、披露；从公司层面的控制开始，到活动层面的控制。

风险基础评价法与详细评价法的区别类似于财务报表的详细审计与财务报表的风险基础审计，主要体现在以下几个方面：

第一，风险基础法首先评估实现内部控制相关目标的风险，根据风险评估的结果对照企业的内部控制，参考内部控制框架来判断内部控制设计的有效性。这样做的好处是：一方面，可以充分考虑企业特定的情况，避免与内部控制框架的简单核对，具有更好的成本效益性和更广泛的适用性和灵活性；另一方面，关注最重要的风险，提高了评价的成本效益和效率。

第二，风险基础法在确定内部控制的测试范围和收集证据时也是以风险评估为基础的，这样同样可以提高评价的成本效益和效率。

第三，风险基础法需要更高程度的专业判断。无论是评价内部控制设计的有效性，还是测试内部控制运行的有效性，都是根据最初的风险评估和后续的风险评估进行的，这与详细评价法下根据一个确定的框架来评价相比，需要更高程度的专业判断。

比较上述两种评价方法的优劣以及从国际发展的总体趋势来看，风险基础的内部控制评价方法必然是未来的发展方向，因为无论是基于成本效益的考虑，还是与企业的实际情况相结合，从确保评价的合理性来说，风险基础评价法都比详细评价法具有明显的优势。但是，值得注意的是，风险基础评价法比详细评价法对单位管理层和审计人员的要求要高得多。在详细评价法下，管理层和审计人员更多的是在做一种核对和检查的工作，直接对企业的经营管理和内部控制的判断相对不多。而在风险基础法下，管理层和审计人员需要进行很多判断，比如，需要识别与企业控制目标相关的风险，识别相关的控制以及判断相关控制是否充分。所以，采用风险基础评价法要求管理层和审计人员具有更高的专业技能，必须在内部控制与风险管理方面具有非常专业的基础知识和判断能力，才能更加有效地完成内部控制的评价，提供一份可靠性较好的内部控制评价报告。

第二节　内部控制审计

一、内部控制审计概述

内部控制审计是内部控制的再控制，它是企业改善经营管理、提高经济效益的自我需要。一般地，内部审计部门负责内部控制审计，也可以委托不负责年审的会计师事务所开展内部控制审计。

（一）实施内部控制审计的必要性

内部控制作为企业的一项重要管理活动，主要试图解决三个方面的基本问题，即财务报告及相关信息的可靠性、资产的安全完整以及对法律法规的遵循。与此同时，促进提高经营的效率效果，并促进实现企业的发展战略。一些公司财务报表舞弊事件发生后，人们认识到健全有效的内部控制对预防此类事件的发生至关重要。各国政府监管机构、企业界和会计职业界对内部控制的重视程度也进一步提升，从注重财务报告本身可靠性转向注重对保证财务报告可靠性机制的建设，也就是通过过程的有效来保证结果的有效。资本市场上的投资者甚至社会公众要求其披露企业与内部控制相关的信息，并要求经过注册会计师审计以增强信息的可靠性。

但是，在财务报表审计中，只有在以下两种情况下才强制要求对内部控制进行测试：在评估认定层次重大错报风险时，预期控制的运行是有效的（即在确定实质性程序的性质、时间安排和范围时，注册会计师拟信赖内部控制运行的有效性）；或者仅实施实质性程序并不能够提供认定层次充分、适当的审计证据。可见，注册会计师对内部控制的了解和测试不足以对内部控制发表意见，难以满足信息使用者的需求。因此，内部控制审计逐渐发展起来，很多国家要求注册会计师对内部控制设计和运行的有效性进行审计或鉴证。

（二）内部控制审计的定义

内部控制审计，是指会计师事务所接受委托，对特定基准日内部控制设计与运行的有效性进行审计。

1. 内部控制审计基于特定基准日

注册会计师基于基准日（如 12 月 31 日）内部控制的有效性发表意见，而不是对财务报表涵盖的整个期间（如 1 年）的内部控制的有效性发表意见。但这并不意味着注册会计师只关注企业基准日当天的内部控制，而是要考察其一个时期内（足够长的一段时间）内部控制的设计和运行情况。例如，注册会计师可能在 5 月对企业的内部控制进行测试，发现问题后提请企业进行整改，如 6 月整改，企业的内部控制在整改后要运行一段时间（如至少 1 个月），8 月注册会计师再对整改后的内部控制进行测试。因此，虽然是对企业 12 月 31 日（基准日）内部控制的设计和运行发表意见，但这里的基准日不是一个简单的时点概念，而是体现内部控制这个过程向前的延续性。注册会计师所采用的内部控制审计的程序和方法，也体现了这种延续性。

2. 财务报告内部控制与非财务报告内部控制

注册会计师应当对财务报告内部控制的有效性发表审计意见，并对内部控制审计过程中注意到的非财务报告内部控制的重大缺陷，在内部控制审计报告中增加"非财务报告内部控制重大缺陷描述段"予以披露。

财务报告内部控制，是指企业为了合理保证财务报告及相关信息真实完整而设计和运行的内部控制，以及用于保护资产安全的内部控制中与财务报告可靠性目标相关的控制，主要包括下列几方面的政策和程序：

保存充分、适当的记录，准确、公允地反映企业的交易和事项；

合理保证按照企业会计准则的规定编制财务报表；

合理保证收入和支出的发生与资产的取得、使用或处置经过适当授权；

合理保证及时防止或发现并纠正未经授权的、对财务报表有重大影响的交易和事项。

非财务报告内部控制，是指除财务报告内部控制之外的其他控制，通常是指为了合理保证经营的效率效果、遵守法律法规、实现发展战略而设计和运行的控制，以及用于保护资产安全的内部控制中与财务报告可靠性目标无关的控制。

（三）企业内控责任与注册会计师审计责任的关系

建立健全和有效实施内部控制，评价内部控制的有效性是企业董事会的责任。按照本指引的要求，在实施审计工作的基础上对内部控制的有效性发表审计意见，是注册会计师的责任。

两者之间的关系和会计责任与审计责任的区分保持一致，即建立健全和有效实施内部控制是企业董事会（或类似决策机构，下同）的责任；按照《企业内部控制审计指引》的要求，在实施审计工作的基础上对内部控制的有效性发表审计意见，是注册会计师的责任。换言之，内控本身有效与否是企业内控责任，是否遵循审计指引开展内控审计并发表恰当的审计意见，是注册会计师的审计责任。因此，注册会计师在实施内控审计之前，应当在业务约定书中明确双方的责任；在发表内控审计意见之前，应当取得经企业签署的内控书面声明。

（四）整合审计

1.内部控制审计与财务报表审计的异同

内部控制审计要求对内部控制设计和运行的有效性进行测试，在财务报表审计中，也要求了解企业的内部控制，并在需要时测试控制，这是两种审计的相同之处，也是整合审计中应整合的部分。但由于两种审计的目标不同，审计指引要求在整合审计中，注册会计师对内部控制设计与运行的有效性进行测试，要同时实现两个目的：

获取充分、适当的证据，支持在内部控制审计中对内部控制有效性发表的意见；

获取充分、适当的证据，支持在财务报表审计中对控制风险的评估结果。

2.两种审计的整合

财务报告内部控制审计与财务报表审计通常使用相同的重要性（或重要性水平），在实务中两者很难分开。因为注册会计师在审计财务报表时需获得的信息在很大程度上依赖注册会计师对内部控制有效性得出的结论。注册会计师可以利用在一种审计中获得的结果为另一种审计中的判断和拟实施的程序提供信息。

实施财务报表审计时，注册会计师可以利用内部控制审计的结果来修改实质性程序的性质、时间安排和范围，并且可以利用该结果来支持分析程序中所使用的信息的完整性和准确性，在确定实质性程序的性质、时间安排和范围时，注册会计师需要慎重考虑识别出的控制缺陷。

实施内部控制审计时，注册会计师需要评估财务报表审计时实质性程序中发现问题的影响。最重要的是，注册会计师需要重点考虑财务报表审计中发现的财务报表错报，考虑这些错报对评价内控有效性的影响。

二、计划审计工作

（一）计划审计工作的意义

计划审计工作是对审计预期的性质、时间和范围制订一个总体战略和一套详细方案。注册会计师应当恰当地计划内部控制审计工作，配备具有专业胜任能力的项目组，并对助理人员进行适当的督导。计划审计工作对于审计人员顺利完成审计工作和控制审计风险具有非常重要的意义。

合理的审计计划有助于审计人员关注重点审计领域、及时发现和解决潜在问题及恰当地组织和管理审计工作，以使审计工作更加有效；

指导审计工作按步骤、按时间进度进行；

有利于协调各方面的审计力量，指导审计人员以最低的成本，对重点审计领域实施最有效的审计程序，搜集有力的审计证据。

因此，对任何一个审计项目、任何一家会计师事务所而言，不论其业务繁简程度如何，也不论其规模大小，审计计划都是至关重要的。审计计划的繁简程度取决于被审计单位的经营规模和预计审计工作的复杂程度。

制定总体审计策略和具体审计计划有助于审计人员关注重点审计领域，及时发现和解决潜在问题及恰当地组织和管理审计工作，以使审计工作更加有效。帮助审计人员对项目组成员进行恰当分工和指导监督，并复核其工作，有助于协调其他审计人员和专家的工作。项目负责人和项目组其他关键成员应当参与计划审计工作，利用其经验和见解，以提高计划过程的效率和效果。

（二）计划审计工作应关注的影响因素

计划审计工作包括针对审计业务制定的总体审计策略和具体审计计划，以将审计风险降至可接受的低水平。在计划审计工作时，注册会计师应当评价下列事项对内部控制、财务报表以及审计工作的影响：

与企业相关的风险；

相关法律法规和行业概况；

企业组织结构、经营特点和资本结构等相关重要事项；

内部控制最近发生变化的程度；

与企业沟通过的内部控制缺陷；

重要性、风险等与确定内部控制重大缺陷相关的因素；

对内部控制有效性的初步判断；

可获取的、与内部控制有效性相关的证据的类型和范围。

（三）总体审计策略

总体审计策略用以确定审计范围、时间和方向，并指导制订具体审计计划。审计人员应当为审计工作制定总体审计策略。

1. 审计范围

审计人员应当确定审计业务的特征，包括采用的会计准则和相关会计制度、特定行业的报告要求以及被审计单位组成部分的分布等，以界定审计范围。

2. 报告目标、时间安排及所需沟通

总体审计策略的制定应当包括明确审计业务的报告目标以计划审计的时间安排和所需沟通的性质，包括提交审计报告的时间要求，包括预期与管理层和治理层沟通的重要日期等。

3. 审计方向

总体审计策略的制定应当包括考虑影响审计业务的重要因素，以确定项目组工作方向，包括确定适当的重要性水平，初步识别可能存在较高的重大错报风险的领域，初步识别重要的组成部分和账户余额，评价是否需要针对内部控制的有效性获取审计证据，识别被审计单位、所处行业、财务报告要求及其他相关方面最近发生的重大变化等。

4. 总体审计策略的内容

总体审计策略应能恰当地反映审计人员考虑审计范围、时间和方向的结果。

向具体审计领域调配的资源包括向高风险领域分派有适当经验的项目组成员，就复杂的问题利用专家工作等；

向具体审计领域分配资源的数量，包括安排到重要存货存放地观察存货盘点的项目组成员的数量，对其他审计人员工作的复核范围，对高风险领域安排的审计时间预算等；

何时调配这些资源，包括是在期中审计阶段还是在关键的截止日期调配资源等；

如何管理、指导、监督这些资源的利用，包括预期何时召开项目组预备会和总结会，预期项目负责人和经理如何进行复核，是否需要实施项目质量控制复核等。

（四）具体审计计划

具体审计计划比总体审计策略更加详细，其内容包括为获取充分、适当的审计证据以将审计风险降至可接受的低水平，项目组成员拟实施的审计程序的性质、时间和范围。

具体审计计划的内容包括：

1.为了足够识别和评估财务报表重大错报风险，审计人员计划实施的风险评估程序的性质、时间和范围。

2.针对评估的认定层次的重大错报风险，审计人员计划实施的进一步审计程序的性质、时间和范围。

3.审计人员针对审计业务需要实施的其他审计程序。

审计人员会将总体审计策略和具体审计计划的制订工作结合起来进行，并编制一份完整的审计计划，从而提高审计计划的制订和复核效率。

（五）审计过程中对计划的更改

计划审计工作并非审计业务的一个孤立阶段，而是一个持续的、不断修正的过程，贯穿于整个审计业务的始终。

由于未预期事项、条件的变化或在实施审计程序中获取的审计证据等原因，审计人员应当在审计过程中对总体审计策略和具体审计计划作出必要的更新和修改。

（六）指导、监督与复核

审计人员应当就对项目组成员工作的指导、监督与复核的性质、时间和范围制订计划。

（七）对计划审计工作的记录

审计人员应当记录总体审计策略和具体审计计划，包括在审计工作过程中作出的任何重大更改。

审计人员对计划审计工作记录的形式和范围，取决于被审计单位的规模和复杂程度、重要性、具体审计业务的情况以及对其他审计工作记录的范围等事项。

（八）与治理层和管理层的沟通

审计人员可以就计划审计工作的基本情况与被审计单位治理层和管理层进行沟通。

当就总体审计策略和具体审计计划中的内容与治理层、管理层进行沟通时，审计人员应当保持职业谨慎，以防止由于具体审计程序易于被管理层或治理层所预见而损害审计工作的有效性。

虽然审计人员可以就总体审计策略和具体审计计划的某些内容与治理层和管理层沟通，但是制定总体审计策略和具体审计计划仍然是审计人员的责任。

审计人员就自身与财务报表审计相关的责任与被审计单位治理层进行的沟通，既可以采用书面形式，也可以采用口头形式，必须是直接的沟通，但并不要求一定采取书面沟通的形式。

（九）首次接受委托的补充考虑

首次接受审计委托包括接受新客户而建立客户关系和承接现有客户（因对其提供了其他服务）的审计业务委托两种情况。

在这两种情况下，尤其是在接受新客户的情况下，审计人员通常缺乏用以评估与客户及业务承接相关的风险的前期审计经验，因而可能需要扩展初步业务活动。

三、实施审计工作

（一）实施审计工作的基本要求

注册会计师应当按照自上而下的方法实施审计工作。自上而下的方法是注册会计师识别风险、选择拟测试控制的基本思路。注册会计师在实施审计工作时，可以将企业层面控制和业务层面控制的测试结合进行。

注册会计师测试企业层面控制，应当把握重要性原则，至少应当关注：

与内部环境相关的控制；

针对董事会、经理层凌驾于控制之上的风险而设计的控制；

企业的风险评估过程；

对内部信息传递和财务报告流程的控制；

对控制有效性的内部监督和自我评价。

注册会计师测试业务层面控制，应当把握重要性原则，结合企业实际、内部控制各项应用指引的要求和企业层面控制的测试情况，重点对企业生产经营活动中的重要业务与事项的控制进行测试。注册会计师应当关注信息系统对内部控制及风险评估的影响。

注册会计师在测试企业层面控制和业务层面控制时，应当评价内部控制是否足以应对舞弊风险，注册会计师应当测试内部控制设计与运行有效性。

如果某项控制由拥有必要授权和专业胜任能力的人员按照规定的程序与要求执行，能够实现控制目标，则表明该项控制的设计是有效的。

如果某项控制正在按照设计运行，执行人员拥有必要授权和专业胜任能力，能够实现控制目标，则表明该项控制的运行是有效的。

注册会计师应当根据与内部控制相关的风险，确定拟实施审计程序的性质、时间安排和范围，获取充分、适当的证据与内部控制相关的风险越高，注册会计师需要获取的证据应越多。

注册会计师在测试内部控制设计与运行的有效性时，应当综合运用询问适当人员、观察经营活动、检查相关文件、穿行测试和重新执行等方法。询问本身并不足以提供充分、适当的证据。

注册会计师在确定测试的时间安排时，应当在下列两个因素之间作出平衡，以获取充分、适当的证据：

尽量在接近内部控制评价基准日实施测试；

实施的测试需要涵盖足够长的时间。

注册会计师对于内部控制运行偏离设计的情况（即控制偏差），应当确定该偏差对相关风险评估、需要获取证据以及控制运行有效性结论影响。

在连续审计中，注册会计师在确定测试的性质、时间安排和范围时，应当考虑以前年度执行内部控制审计时了解的情况。

（二）实施审计工作的程序与方法

内部控制审计的程序与方法主要有四个步骤：

1. 了解企业的内部控制情况，并作出相应的记录

这是内部控制制度审计的第一步，其主要目的是通过一定手段，了解被审计单位已经建立的内部控制制度及执行的情况，并作出记录、描述。审计人员应考虑被审计单位经营规模及业务复杂程度、数据处理系统类型及复杂程度、审计重要性、相关内部控制类型、相关内部控制记录方式、固有风险的评估结果等因素，对内部控制的程序、控制环境、会计系统采取有效的方法进行审计，主要方法包括：

查阅前期审计报告或审计工作底稿；

询问被审计单位有关人员，并查阅相关内部控制文件；

检查内部控制生成的文件和记录；

观察被审计单位的业务活动和内部控制的运行情况；

选择若干具有代表性的交易和事项进行"穿行测试"。

通过查阅复核以前的审计情况，可以了解以前审计时所发现的问题产生的原因，以及是否已得到纠正和改进，通过查阅相关规章制度、方针及政策等文件，查看组织机构系统图，和相关人员交谈以达到对内部控制足够的了解，以便进行程序设计和制订运用方案。

2. 初步评价内部控制的健全性

确认内部控制风险，确定内部控制是否可信赖。在对控制环境、控制程序和会计系统进行调查了解，对被审计单位内部控制有了一个初步的认识的基础上，应对内部控制风险和内部控制的可信赖程度作出初步评价。初步评价实际上就是评价企业会计与内部控制在防止或发现并纠正错弊中的有效性的过程。通常出现以下情况之一时，应将重要账户或交易类别的某些或全部认定的控制风险评估为高水平：

内部控制失效；

难以对内部控制的有效性作出评价；

不拟进行符合性测试。

对某项财务报表认定而言，如果同时出现以下情况，则不应评价其控制风险处于高水平：

相关内部控制可能防止或发现并纠正重大错弊；

拟进行符合性测试。

3. 证实有关内部控制的设计和执行的效果

通过对内部控制进行初步评价，可基本掌握被审计单位内部控制的强弱环节，为进行符合性测试确定一个前提。审计人员只对那些准备信赖的内部控制执行符合测试，并且只有当信赖内部控制而减少的实质性测试的工作量大于符合性测试的工作量时，符合性测试才是必要的和经济的。符合性测试是为了确定内部控制制度的设计和执行是否有效而实施的审计程序。企业基本对象包括控制设计测试和控制执行测试。控制设计测试是测试被审计单位控制政策和程序设计是否合理、适当，能否防止或发现并纠正特定财务报表认定的重大错报或漏报，控制执行测试是测试被审计单位的控制政策和程序是否实际发挥作用。被审计单位的控制设计得再好，还必须靠有效的执行来发挥作用。

四、完成审计工作

（一）签署的书面声明

注册会计师完成审计工作后，应当取得经企业签署的书面声明。书面声明应当包括下列内容：

企业董事会认可其对建立健全和有效实施内部控制负责；

企业已对内部控制的有效性作出自我评价，并说明评价时采用的标准以及得出的结论；

企业没有利用注册会计师执行的审计程序及其结果作为自我评价的基础；

企业已向注册会计师披露识别出的所有内部控制缺陷，并单独披露其中的重大缺陷和重要缺陷；

企业对于注册会计师在以前年度审计中识别的重大缺陷和重要缺陷，是否已经采取措施予以解决；

企业在内部控制自我评价基准日后，内部控制是否发生重大变化，或者存在对内部控制具有重要影响的其他因素。

企业如果拒绝提供或以其他不当理由回避书面声明，注册会计师应当将其视为审计范围受到限制，解除业务约定或出具无法表示意见的内部控制审计报告。

（二）沟通并形成意见

注册会计师应当与企业沟通审计过程中识别的所有控制缺陷。对于其中的重大缺陷和重要缺陷，应当以书面形式与董事会和经理层沟通。

注册会计师认为审计委员会和内部审计机构对内部控制的监督是无效的，应当就此以书面形式直接与董事会和经理层沟通。书面沟通应当在注册会计师出具内部控制审计报告之前进行。

第三节 行政内部控制

一、风险评估

（一）建立经济活动风险定期评估机制

行政事业单位应当建立健全经济活动风险定期评估机制，对经济活动存在的风险进行全面、系统和客观评估。单位开展经济活动风险评估应当成立风险评估工作小组，单位领导担任组长。经济活动风险评估结果应当编制书面报告并及时提交单位领导班子，作为完善内部控制的依据。经济活动风险评估至少每年进行一次；外部环境、经济活动或管理要求等发生重大变化的，应及时对经济活动风险进行重估。

（二）行政事业单位层面风险评估

行政事业单位层面的风险评估应当重点关注以下几个方面：

1. 内部控制工作的组织情况

组织情况主要包括：一是是否确定内部控制职能部门或牵头部门；二是是否建立单位各部门在内部控制中的沟通协调和联动机制。

2. 内部控制机制的建设情况

内部控制机制建设情况主要包括：一是经济活动的决策、执行、监督是否实现有效分离；二是权责是否对等；三是是否建立健全议事决策机制、岗位责任制、内部监督等机制。

3. 内部管理制度的完善情况

内部管理制度完善情况主要包括：一是内部管理制度是否健全；二是内部管理制度的执行是否有效。

4. 内部控制关键岗位工作人员的管理情况

内部控制关键岗位工作人员的管理情况主要包括：一是是否建立工作人员的培训、评价、轮岗等机制；二是工作人员是否具备相应的资格和能力。

5. 会计信息的编报情况

会计信息编报情况主要包括：一是是否按照国家统一的会计制度对经济业务事项进行账务处理；二是是否按照国家统一的会计制度编制财务会计报告。

（三）经济活动业务层面风险评估

单位进行经济活动业务层面的风险评估，应当重点关注以下方面：

1. 预算管理情况

预算管理情况主要包括：一是在预算编制过程中单位内部各部门间沟通协调是否充分，预算编制是否与资产配置相结合，与具体工作是否相对应；二是是否按照批复的额度和开支范围执行预算，进度是否合理，是否存在无预算、超预算支出等问题；三是决算编报是否真实、完整、准确、及时。

2. 收支管理情况

收支管理情况主要包括：一是收入是否实现归口管理，是否按照规定及时向财会部门提供收入的有关凭据，是否按照规定保管和使用印章及票据等；二是发生支出事项时是否按照规定审核各类凭据的真实性、合法性，是否存在使用虚假票据套取资金的情形。

3. 政府采购管理情况

政府采购管理情况主要包括：一是是否按照预算和计划组织政府采购业务；二是是否按照规定组织政府采购活动和执行验收程序；三是是否按照规定保存政府采购业务相关档案。

4. 资产管理情况

资产管理情况主要包括：一是是否实现资产归口管理并明确使用责任；二是是否定期对资产进行清查盘点，对账实不符的情况及时进行处理；三是是否按照规定处置资产。

5. 建设项目管理情况

建设项目管理情况主要包括：一是是否按照概算投资；二是是否严格履行审核审批程序；三是是否建立有效的招投标控制机制；四是是否存在截

留、挤占、挪用、套取建设项目资金的情形；五是是否按照规定保存建设项目相关档案并及时办理移交手续。

6. 合同管理情况

合同管理情况主要包括：一是是否实现合同归口管理；二是是否明确应签订合同的经济活动范围和条件；三是是否有效监控合同履行情况，是否建立合同纠纷协调机制。

二、控制方法

行政事业单位内部控制的控制方法一般包括以下八种：

（一）不相容岗位相互分离

合理设置内部控制关键岗位，明确划分各岗位职责权限，实施相应的职权分离措施，形成相互制约、相互监督的工作机制。

（二）内部授权审批控制

明确各岗位办理业务和事项的权限范围、审批程序和相关责任，建立重大事项集体决策和会签制度。相关工作人员应当在授权范围内行使职权、办理业务。

（三）归口管理

各单位应根据本单位实际情况，按照权责对等原则，采取成立联合工作小组并确定牵头部门或牵头人员等方式，对有关经济活动实行统一管理。

（四）预算控制

各单位均应定期编制本单位的预算，强化对经济活动的预算约束，使预算管理贯穿于单位经济活动的全过程。

（五）财产保护控制

各单位应建立资产日常管理制度和定期清查机制，采取资产记录、实物保管、定期盘点、账实核对等措施，确保资产的安全与完整。

（六）会计控制

各单位应建立健全本单位财会管理制度，加强会计机构建设，提高会计人员业务水平，强化会计人员岗位责任制，规范会计基础工作，加强会计档案管理，明确会计凭证、会计账簿和财务会计报告处理与管理程序。

（七）单据控制

行政事业单位应根据国家有关规定和单位的经济活动业务流程，在内部管理制度中明确界定各项经济活动所涉及的表单和票据，相关工作人员应按照规定填制、审核、归档、保管单据。

（八）信息内部公开

行政事业单位应当建立健全经济活动相关信息内部公开制度，根据国家有关规定和单位的实际情况，确定信息内部公开的内容、范围、方式以及程序。

三、单位层面内部控制

（一）单位层面内部控制的组织

为保证单位层面内部控制的有效实施，单位应当单独设置内部控制职能部门或者确定内部控制牵头部门，负责组织协调内部控制各项工作。同时，应当充分发挥财会、内部审计、纪检监察、政府采购、基建、资产管理等部门或岗位在内部控制中的职能作用。

（二）实施不相容职务相分离制度

第一，单位各项经济活动的决策、执行和监督应当相互分离。单位应当建立健全集体研究、专家论证和技术咨询相结合的议事决策机制。涉及重大经济事项的内部决策，应当由单位领导班子集体研究决定。关于重大经济事项的认定标准，应当根据有关规定和本单位实际情况确定，一经确定，不得随意变更。

第二，单位应当建立健全内部控制关键岗位责任制，明确岗位职责及分工，确保不相容岗位相互分离、相互制约和相互监督，单位应当实行内部控制关键岗位工作人员的轮岗制度，明确轮岗周期。不具备轮岗条件的单位应当采取专项审计等控制措施。

内部控制关键岗位的划分与设置应根据单位内部实际状况和内部控制等相关制度要求认真实施，主要关键岗位通常应包括预算业务管理、收支业务管理、政府采购业务管理、资产管理、建设项目管理、合同管理以及内部监督等经济活动的关键岗位。

第三，内部控制关键岗位工作人员应当具备与其工作岗位相适应的资格和能力。单位应当加强内部控制关键岗位工作人员业务培训和职业道德教育，不断提升其业务水平和综合素质。

（三）会计控制要求

单位应当根据《中华人民共和国会计法》的规定和单位实际建立会计机构，按规定配备具有相应资格和能力的会计人员。单位应当根据实际发生的经济业务事项，按照国家统一的会计制度及时进行账务处理，编制财务会计报告，确保财务信息真实、完整。

（四）单位内部控制手段

单位应当充分运用现代科学技术手段加强内部控制。对信息系统建设实施必要的归口管理，将经济活动及其内部控制流程嵌入单位信息系统中，减少或消除人为操纵因素，保护财务等各种信息的安全。

四、行政事业单位内部控制评价与监督

（一）建立健全内部控制评价与监督制度

行政事业单位应当建立健全内部监督制度，明确各相关部门或岗位在内部监督中的职责权限，规定内部监督的程序和要求，对内部控制建立与实施情况进行内部监督检查和自我评价。内部监督应当与内部控制的建立和实施保持相对独立。行政事业单位应当根据本单位实际情况确定内部监督检查的方法、范围和频率。

（二）内部控制评价

行政事业单位负责人应当指定专门部门或专人负责对本单位内部控制的有效性进行评价，并出具单位内部控制自我评价报告。

（三）内部控制监督

行政事业单位内部审计部门或岗位应当定期或不定期检查单位内部管理制度和机制建立与执行情况，以及内部控制关键岗位及人员设置情况等，及时发现内部控制制度设计与执行过程中存在的问题，并提出相应的改进建议。

国务院财政部门及其派出机构和县级以上地方各级人民政府财政部门应当对行政事业单位内部控制的建立和实施情况进行监督检查，有针对性地提出检查意见和建议，并督促行政事业单位进行整改。国务院审计机关及其派出机构和县级以上地方各级人民政府审计机关对行政事业单位进行审计时，应当调查了解行政事业单位内部控制建立和实施的有效性，揭示相关内部控制的缺陷，有针对性地提出审计处理意见和建议，并督促行政事业单位进行整改。

第十章　内部会计控制及自我评价

第一节　会计控制范围、目标及风险点

一、会计控制范围与目标

（一）会计控制和范围

会计控制就是指施控主体利用会计信息对资金运动进行的控制。具体而言，会计控制即会计人员（部门）通过财务法规、财务制度、财务定额、财务计划目标等对资金运动（或日常财务活动、现金流转）进行指导、组织督促和约束，确保财务计划（目标）实现的管理活动。会计控制的内容主要包括货币资金、实物资产、对外投资、工程项目、采购与付款、筹资、销售与收款、成本费用、担保等经济业务的会计控制。单位要加强其内部会计控制制度建设。

（二）会计控制的目标

内部控制的目标是比较广泛的。就内部会计控制而言，其目标分为会计总体目标和具体目标两个层次。会计控制的总体目标是提高会计信息质量、保护财产安全完整和确保法律法规、规章制度的贯彻执行等。会计控制的具体目标是会计控制总体目标的具体化，具体包括：规范单位会计行为，保证会计资料真实、完整；堵塞漏洞、消除隐患，防止并及时发现、纠正错误及舞弊行为，保护单位资产的安全、完整；确保国家有关法律法规和单位内部规章制度的贯彻执行。

二、会计控制业务主要风险点

（一）原始凭证审核的主要风险点

原始凭证的基本内容一般包括凭证名称、接受单位名称或个人的名称、

发生业务的内容、计量数量、单位、单价、金额、凭证填制的日期、经手人的签章、凭证编号、凭证联次和其他发票应具有的附件等。原始凭证应客观真实、合理合法，因为它直接关系到行政事业单位会计信息是否真实、可靠，也关系到会计工作的质量，影响到正确的计量和分析经营状况。原始发票的差错一方面由于人为原因伪造所致，另一方面也反映了行政事业单位内部的管理制度订立不够严格。一个单位如果出现人为操作原始发票，会对社会和公司产生很大的危害，对会计人员来说，也是具有很大风险的。原始发票中的错误是多种多样的，在审核原始发票时应注意以下几个方面：原始发票的抬头、原始发票的日期、原始发票的书写错误、原始发票的数量或金额错误。

（二）记账凭证审核的主要风险点

记账凭证可以将经济业务从原始状态过渡至会计账簿之中，起到了桥梁和传递的作用。记账凭证的主要职能是反映经济业务活动在会计处理上所实行的方法（会计分录），明确会计处理责任。具体来说，记账凭证审核的主要风险点表现在：摘要记录错误、科目运用错误、凭证使用错误、记账凭证无编号或者编号错误、印鉴错误、附件数量和金额错误。因此，记账凭证审核的主要风险点有：

没有检查记账凭证的基本要素是否完整，有无缺少或空白，主要是填制日期、编号、业务内容摘要、附原始凭证张数、会计科目及其借贷方向，填制、出纳、复核、会计主管人员的签章等是否清晰、准确；

没有检查会计科目的运用是否符合经济业务的性质和内容，是否符合有关财务制度和会计制度的规定，借贷方向与金额是否正确；

没有检查记账凭证签章栏，各级负责人和有关经办人的签章是否齐备；

没有复核记账凭证的各明细科目金额、合计金额是否正确，有无多计、少计和误计；

没有核对记账凭证与对应的账簿记录是否一致，有无出入和账证不符的情况；

没有与所附的原始凭证核对数量、金额、摘要等是否一致，有无证证不符的现象。

（三）账簿审核的主要风险点

会计账簿是记录和反映经济业务信息的主要载体，是经济凭证和财务报表之间的桥梁，其质量水平既取决于凭证的质量，又决定了报表的质量，企事业单位会计核算的大量工作是集中并反映于会计账簿之中，因此对会计账簿进行分析检查是保证会计核算的质量、分析被查单位会计工作水平的重要方面，具体来说，账簿审核的主要风险点表现在：账户设置错误；记账依据错误；账簿使用形式错误；账簿启用、交接错误；记账错误；更账错误；账簿登记未能平衡；账簿保管错误；无据记账，凭空记账；计算机记账造假。因此，账簿审核的主要风险点有：

没有复核、验证有关账簿所记载的收、付、存的数额及其小计、合计数的正确性；

没有审查账簿的入账登记、过账、改账、结账等操作业务的规范性和合规性，检查其账户对应关系的清晰性；

没有对有关总账和明细账进行核对分析，保证账账相符；

没有对账簿中记录业务发生的异常点进行重点检查，并根据异常情况和重要错误的线索，进一步检查相应的会计凭证和实物，查明问题原因所在；

没有将账簿检查过程中发现的问题进行归纳分类，收集有关证据数据，根据不同的性质，将账簿中发现的错误归为一类，将账簿中发现的舞弊归为另一类，列出其造成的危害和影响，并将有关证据材料附于其后。

（四）会计报表审核的主要风险点

会计报表是行政事业单位财务报告的主要部分，是行政事业单位向外传递会计信息的主要手段。会计报表是根据日常会计核算资料定期编制的，综合反映单位某一特定日期财务状况和某一会计期间经营成果、现金流量等的总结性书面文件。会计报表常见错误表现在以下几方面：会计报表的真实性、公允性；会计报表的合理性和有效性；会计报表的规范性，因此，会计报表审核的主要风险点有：

1. 未对会计报表进行常规性审查

没有审查报表编制是否符合规定的手续和程序；没有审查各种报表（如主表、附表、附注以及财务情况说明书）的编制是否齐全；没有审查报表的截止日期是否适当，资料来源是否可靠；没有审查报表内容是否完整；各项目数据如年初数和期末数及小计、合计、总计是否正确；没有对报表逐一地进行核对。

2. 未审查报表勾稽关系

没有审查各报表之间的勾稽关系；没有审查本期报表内部各项目之间的勾稽关系；没有审查主表与附表之间的勾稽关系；没有审查各类报表之间的勾稽关系。

3. 未检查报表中有关内容

对报表中有关内容的审查是报表审查的核心，即对报表中有关数据进行审查分析，验证报表中的数据是否真实准确地反映了公司的财务状况、经营成果和现金流量，并进一步观察公司经营活动的合规性、合法性及有效性。

第二节 会计控制主要控制措施

一、会计内部控制基础工作设计

（一）岗位分工与责任

各单位应当根据会计业务的需要设置会计工作岗位。会计工作岗位可分为：会计机构负责人（会计主管人员）、出纳、财产物资核算、工资核算、成本费用核算、资金核算、往来结算、税务核算、总账报表、稽核、会计信息系统管理、档案保管等。

开展会计电算化和管理会计的单位，可以根据需要设置相应的工作岗位，也可以与其他工作岗位相结合。

会计工作岗位可以一人一岗、一人多岗或者一岗多人，会计工作岗位的具体设置应当符合以下基本要求：

出纳人员不得兼管稽核、会计档案保管和预算收入、预算支出、非税收入、非税支出、债权、债务等账簿的登记工作；

出纳人员以外的会计人员不得兼管现金、有价证券和票据；

会计机构负责人（会计主管人员）不得兼任出纳工作；

会计人员不得兼任内部审计工作；

记账人员不得兼任采购员和保管员工作；

审核记账人员不得兼任软件操作人员的输入工作；

实现会计电算化的单位，出纳员、程序编制人员不得兼任微机录入工作，不得进行系统操作。

（二）岗位授权与内部牵制

1.岗位授权

岗位授权是指主管将职权或职责授给某位下属负担，并责令其负责管理性或事务性工作。行政事业单位中的所有工作任务都应有承载的岗位，而所有岗位都为完成既定工作任务而存在，不应该存在无事之岗和无岗之事的现象。在行政事业单位中，所有的职责划分、权力执行都是以岗位为基础的，不管是谁，只要占据了某一岗位，就拥有了行政事业单位赋予该岗位的权力，而一旦失去该岗位，同时也就失去了行使该岗位职责的权力。具体来说，岗位授权的程序可以分为四个步骤：第一，确定任务，即哪些任务和工作是可以授权的；第二，制订计划，即授权的目标、标准与成果评估方法；第三，选贤任能，即选择合适的人授权；第四，落实分工，即将任务和相应的资源、权力分配给被授权者。此外，在授权过程中，还需要一定的监督、支持和帮助，以保证其顺利完成任务。

2.内部牵制

内部牵制本着不相容岗位相互分离的原则，行政事业单位要实现会计记录与业务经办相分离、业务经办与授权批准相分离、财产保管与会计记录相分离、业务稽核与业务经办相分离、监督检查与授权批准相分离。行政事业单位要努力建设一支思想素质高、业务水平过硬的财务会计队伍，合理设置财务和会计相关岗位，明确各岗位的职责和权限，形成有效的内部牵制制度。

（三）原始记录管理和内部稽核

1.原始记录管理

原始记录管理制度是指统一原始记录的格式、内容、填制方法和传递程序，明确原始记录填制人与审核人责任的一种制度，旨在保证会计核算基础环节的有序、正常和高效。其主要内容包括：

（1）关于内容的规定。不同部门根据各自业务活动的需要，应按规定要求做好有关原始记录，为会计核算部门、统计部门及单位内部管理提供原始资料。

（2）关于格式的规定。原始记录格式是由单位自行设计的，本着简明扼要、通俗易懂的原则，既便于各职能部门汇总，又便于相关人员填写。

（3）关于填制要求的规定。原始记录应当由生产经营人员或管理人员负责填制，要求做到记录真实、内容完整、数字准确、书写清晰、传递及时、保管完整。

2.内部稽核

内部稽核制度是指各单位的会计机构指定专职或者兼职会计人员负责对本单位的会计凭证、会计账簿、财务会计报告和其他会计资料进行审核的制度。内部稽核制度是内部控制制度的重要组成部分，内部稽核制度不同于内部审计制度，前者是会计机构内部的一种工作制度，后者是单位在会计机构之外另行设置的内部审计机构，或者审计人员对会计工作进行再检查的一种制度。从会计工作的实际情况来看，会计机构内部稽核工作一般包括以下主要内容：

（1）审核财务、成本、费用等计划指标项目是否齐全，编制依据是否可靠，有关计算是否正确，各项计划指标是否互相衔接等。审核之后应提出建议或意见，以便修改和完善计划与预算。

（2）审核实际发生的经济业务或财务收支是否符合现行法律法规、规章制度的规定。对审核中发现的问题，及时予以制止或者纠正。

（3）审核会计凭证、会计账簿、财务会计报告和其他会计资料的内容是否真实、完整，计算是否正确，手续是否齐全，是否符合有关法律法规、规章制度的规定。

（4）审核各项财产物资的增减变动和结存情况，并与账面记录进行核对，确定账实是否相符。不符时，应查明账实不符的原因，并提出改进的措施。

二、财务收支审批和报销环节

（一）财务收支审批

依据内部控制的原则，财务收支审批制度设计中应该包括以下内容：

1.财务收支审批人员和审批权限

明确审批人及对业务的授权批准方式、权限、程序、责任和相关控制措施。审批人应当根据授权规定，在授权范围内进行审批，不得超越审批权限；在确定审批人员和审批权限时，必须坚持可控性原则，即审批人员必须能够对其审批权限内的经济业务具有控制权，只有这样，才能保证审批人员审批财务收支的真实性、合法性和合理性，提高审批质量。

2.财务收支审批程序

单位发生的各项财务收支，应当按照规定的程序进行审批和批准。在实际工作中，许多单位一般先由经办人员在取得或填制的原始凭证上签字，然后再以此为依据向规定的审批人员请求审批，审批通过后交会计部门审核入账或报账。这种审批模式存在许多不足之处，因为在一般情况下，审批人员的职位高于会计人员，先审批后审核，即使会计人员发现疑问已是"既成事实"，会计人员往往不会或不敢有异议，这显然不利于发挥会计的审核监督作用。因此，在设计审批程序时，如果审批人员的职位高于审核人员，应实行先审核、后审批的程序。

3.财务收支审批的内容

财务收支审批的内容主要是财务收支的真实性、合法性和合理性。其具体包括：财务收支是否符合财务计划或合同规定；财务收支是否符合《中华人民共和国会计法》、有关法规和内部会计管理制度；财务收支的内容和数据是否真实；财务收支是否符合效益性原则；财务收支的原始凭证是否符合国家统一会计制度规定等。

4.财务收支审批人员的责任

财务收支审批制度必须坚持权责对等的原则。在审批制度中，必须规定审批人员应该承担的义务和责任，其具体包括：审批人员应该定期向授权领导或职工代表汇报其审批情况；审批人员失职应该承担的责任等。

（二）报销

第一，严格执行权签等级制度。根据执行与检查的职责需要分离的原理，要求任何级别业务人员都不能权签自己的费用，包括单位领导在内。如果业务发生人将费用单据转交低级别的人员提交，而自己再权签该业务费用，就属于典型的逃避权签等级的行为，对这些隐性的违反内部控制的行为进行甄别，需要财务部会计在审核这些费用时，查询更多的费用清单、交易明细，以判断业务真实的发生人。有的单位化繁为简，规定如多人发生同一项业务活动时，必须以最高级别的人员来报销费用，如此才能有效保证单位的权签等级得到遵循。

第二，强化业务工作通报机制，加强结账前的试算平衡表检查是有效的事后防治手段，而更积极的应对措施则需要在明细账之间建立业务通报机制，共享中转科目的使用，互相检查。

第三，加强预算管理，预算额度是费用报销的高压线，超过预算额度的业务活动需要特别审批。加强预算的管理作用，需要在费用报销审批环节就将预算额度纳入预算的管理范围，预算内的费用或付款将被优先审批支付；超过预算的业务活动将被更严格地审批。另外，所有的预算均需要拆分到单位或部门内明细业务以及人员。预算的控制只有通过对明细项目的控制，才能确保总预算的有效执行。

第四，防止预提费用失控滥用。费用报销滞后是客观存在的，不能完全克服，但单位内控人员需要从防范公司风险的角度来建立防止预提费用失控滥用的制度。会计主体首先需要确立单位会计政策，明确预提费用的范围、金额限度、反冲办法、错误稽核与改进措施。例如、设定单一费用的发生额下限，超过该限额的费用均需要预提。从会计分录来看，形成预提费用的同时，必然形成预提负债。内控人员可通过当期计入的费用发生额与反冲额对比，来判断预提的准确性，并分析其中的原因，账龄分析也是稽核预提费用的一种常用办法，通过对长期挂账的预提负债的账龄分析，可以发现原对应的预提费用是否正确。实际工作中，比较有效的一种控制措施是提高费用入账的及时率，另外，还要加大对超期报销的处罚力度，从反面强化及时报销入账。

三、会计凭证填制和传递环节

（一）会计凭证填制

1.原始凭证填制

由于原始凭证的种类不同，其具体填制方法和填制要求也不尽一致，但就原始凭证应反映经济业务、明确经济责任而言，原始凭证的填制有其一般要求。为了确保会计核算资料的真实、正确并及时反映，行政事业单位应当根据相关规定，建立原始凭证填制的内部控制，并组织实施。具体而言，其内部控制一般包括以下内容：

（1）必须真实和正确

原始凭证中应填写的项目和内容必须真实、正确地反映经济业务的原貌，无论日期、内容、数量和金额都必须如实填写，不能以估算和匡算的数字填列，更不能弄虚作假，改变事实的真相。

（2）必须完整和清楚

原始凭证中规定的项目都必须填写齐全，不能缺漏。文字说明和数字要填写清楚、整齐和规范，凭证填写的手续必须完备。

（3）书写格式要规范

原始凭证要用蓝色或黑色水性笔书写，字迹清楚、规范，填写支票必须使用碳素笔，属于需要套写的凭证，必须一次套写清楚，合计的小写金额前应加注币值符号等，如大写金额有分的，后面不加"整"字，其余一律在末尾加"整"字，大写金额前还应加注币值单位，注明"人民币""美元""港币"等字样，且币值单位与金额数字之间，以及各金额数字之间不得留有空隙。各种凭证不得随意涂改、刮擦、挖补，若填写错误，应采用规定方法予以更正。对于重要的原始凭证，如支票以及各种结算凭证，一律不得涂改。

（4）必须有经办人员和有关责任人员的签章

原始凭证在填制完成后，经办人员和有关责任人员都要认真审核并签章，对凭证的真实性、合法性负责。对于一些重大的经济业务，还应经过本单位负责人签章，以示批准的职权。

（5）必须及时填制原始凭证

应在经济业务发生或完成时及时填制，并按规定的程序和手续传递至有关业务部门和会计部门，以便及时办理后续业务，并进行审核和记账。

2.记账凭证填制

除结账和更正错误，记账凭证必须附有原始凭证并注明原始凭证张数；

一张原始凭证所列的支出需要由两个以上的单位共同负担时，应当由保存该原始凭证的单位开给其他应负担单位原始凭证分割单；

记账凭证编号的方法有多种，可以按现金收付、银行存款收付和转账业务三类别编号，即"现字第 × 号""银字第 × 号""转字第 × 号"也可以按现金收入、现金支出、银行存款收入、银行存款支出和转账五类进行编号，即"现收字第 × 号""银收字第 × 号""现付字第 × 号""银付字第 ×号""转字第 × 号"，各单位应当根据本单位业务繁简程度、人员多寡和分工情况来选择便于记账、查账、内部稽核的简单严密编号方法；

若记账之前发现记账凭证有错误，应重新编制正确的记账凭证，并将错误凭证作废或撕毁。已经登记入账的记账凭证，在当年内发现填写错误时，应用红字填写一张与原内容相同的记账凭证，在摘要栏注明"注销某月某日某号凭证"，同时再用蓝字重新填制一张正确的记账凭证，注明"订正某月某日某号凭证"。如果会计科目没有错误，只是金额错误，也可以将正确数字与错误数字之间的差额，另编一张调整的记账凭证，调增金额用蓝字，调减金额用红字。发现以前年度的错误，应用蓝字填制一张更正的记账凭证。

还存在特殊情况。在出现以下经济业务时，要同时编制两种记账凭证：一是销售一批产品，现有一部分货款已收到，而另一部分货款没有收到，这个时候，应该同时编制收款凭证和转账凭证。二是业务人员出差回来后报销差旅费，余款退回，此时，也应该同时编制收款凭证和转账凭证；

实行会计电算化的单位，其机制记账凭证应当符合对记账凭证的一般要求，并应认真审核，做到会计科目使用正确，数字准确无误。打印出来的机制记账凭证上，要加盖制单人员、审核人员、记账人员和会计主管人员印章或者签字，以明确责任；

记账凭证填制完经济业务事项后，如有空行，应当在金额栏自最后一笔金额数字下空行处至合计数上的空行处划线注销；

正确编制会计分录并保证借贷平衡；

摘要应与原始凭证内容一致，能正确反映经济业务的主要内容，表述简单精练；

只涉及现金和银行存款之间收入或付出的经济业务，应以付款业务为主，只填制付款凭证，不填制收款凭证，以免重复。

（二）会计凭证传递

会计凭证传递办法是经营管理的一项重要规章制度，一经制定，有关部门和人员必须遵照执行。会计凭证传递的内部控制主要包括以下几个方面的内容：

规定会计凭证的传递程序，根据经济业务的特点，内部机构组织，岗位分工以及各职能部门利用这种凭证进行经济管理的需要，规定各种凭证的联数和传递程序，做到既使有关部门和人员了解经济业务的情况，及时办理凭证手续，又能避免不必要的环节，提高效率；

确定会计凭证在各个环节停留的时间。根据有关部门或人员使用会计凭证办理业务手续对时间的合理需要，确定其在各个环节停留的时间，既要防止时间过久造成积压，又要防止时间过短造成草率从事；

制定会计凭证传递过程中的交接签收制度，为保证会计凭证在传递过程中的安全完整，防止出现毁损、遗失或其他意外情况，应制定各个环节凭证传递的交接签收制度。

四、会计账簿登记环节

各单位应当按照国家统一会计制度的规定和会计业务的需要设置会计账簿。会计账簿包括总账、明细账、日记账和其他辅助性账簿。会计账簿登记的主要的内部控制措施包括下列内容：

（1）库存现金日记账和银行存款日记账必须采用订本式账簿，不得用银行对账单或者其他方法代替日记账；

（2）实行会计电算化的单位，用计算机打印的会计账簿必须连续编号，经审核无误后装订成册，并由记账人员和会计机构负责人、会计主管人员签字或者盖章；

（3）启用会计账簿时，应当在账簿封面上写明单位名称和账簿名称。在账簿扉页上应当附启用表，内容包括启用日期、账簿页数、记账人员和会计机构负责人、会计主管人员姓名，并加盖名章和单位公章。记账人员或者会计机构负责人、会计主管人员调动工作时，应当注明交接日期、接办人员或者监交人员姓名，并由交接双方人员签名或者盖章；

（4）启用订本式账簿，应当从第一页到最后一页顺序编定页数，不得跳页、缺号。使用活页式账簿，应当按账户顺序编号，并须定期装订成册。装订后再按实际使用的账页顺序编定页码。另加目录，记明每个账户的名称和页次；

（5）会计人员应当根据审核无误的会计凭证登记会计账簿，遵循登记账簿的基本要求；

（6）实行会计电算化的单位，总账和明细账应当定期打印发生收款和付款业务，在输入收款凭证和付款凭证的当天必须打印出库存现金日记账和银行存款日记账，并与库存现金核对无误；

（7）账簿记录发生错误，不准涂改、挖补、刮擦或者用药水消除字迹，不准重新抄写，必须按照规定的方法进行更正；

（8）各单位应当定期对会计账簿记录的有关数字与库存实物、货币资金、有价证券、往来单位或者个人等进行相互核对，保证账证相符、账账相符、账实相符，对账工作每年至少进行一次，各单位应当按照规定定期结账。

五、财务报告编审和披露环节

各单位必须按照国家统一会计制度的规定，定期编制财务报告。财务报告包括会计报表及其说明。会计报表包括会计报表主表、会计报表附表、会计报表附注。各单位对外报送的财务报告应当根据国家统一会计制度规定的格式和要求编制单位内部使用的财务报告，其格式和要求由各单位自行规定，其内部控制的主要内容包括：

会计报表应当根据登记完整、核对无误的会计账簿记录和其他有关资料编制，做到数字真实、计算准确、内容完整、说明清楚，任何人不得篡改或者授意、指使、强令他人篡改会计报表的有关数字；

会计报表之间、会计报表各项目之间，凡有对应关系的数字，应当相互一致，本期会计报表与上期会计报表之间有关的数字应当相互衔接，如果不同会计年度会计报表中各项目的内容和核算方法有变更的，应当在年度会计报表中加以说明；

各单位应当按照国家统一会计制度的规定认真编写会计报表附注及其说明，做到项目齐全，内容完整；

各单位应当按照国家规定的期限对外报送财务报告，对外报送的财务报告应当依次编写页码，加具封面，装订成册，加盖公章，封面上应当注明：单位名称，单位地址，财务报告所属年度、季度、月度，送出日期，并由单位领导人、总会计师、会计机构负责人、会计主管人员签名或者盖章，单位领导人对财务报告的合法性、真实性负法律责任；

根据法律和国家有关规定应当对财务报告进行审计的，财务报告编制单位应当先行委托注册会计师进行审计，并将注册会计师出具的审计报告随同财务报告按照规定的期限报送有关部门；

如果发现对外报送的财务报告有错误，应当及时办理更正手续，除更正本单位留存的财务报告外，还应同时通知接受财务报告的单位更正错误，错误较多的财务报告，应当重新编报。

第三节　内部控制自我评价组织与内容

行政事业单位内部控制自我评价是指由行政事业单位领导实施的，对单位内部控制的有效性进行评价，形成评价结论，出具评价报告的过程。内部控制自我评价非常重要，只有对内部控制的设计和运行情况进行持续评价，才能发现内部控制的高风险点和薄弱环节，并有针对性地修补管控过程的漏洞，从而实现内部控制系统的不断完善。内部控制自我评价，是优化内部控制自我监督机制的一项重要制度安排，是内部控制系统的有机组成部分，它与内部控制的建立与实施构成了一个动态的有机循环。

一、内部控制自我评价组织

明确行政事业单位内部控制自我评价的组织形式，是内部控制自我评价工作能够有序、高效开展的前提。行政事业单位内部控制自我评价组织形式的关键问题是明确评价工作的具体实施主体和有关方面在内部控制自我评价中的职责安排，处理好行政事业单位内部控制自我评价和内部监督的关系，使行政事业单位各部门能够权责分明、协调配合。

（一）内部控制自我评价的实施主体

行政事业单位应定期由相对独立的人员对内部控制的有效性进行评价。内部控制自我评价工作的实施主体一般为行政事业单位内部审计机构或部门的内部控制自我评价机构。对于单独设有专门内部控制机构的行政事业单位，可由内部控制机构来负责内部控制自我评价的具体组织实施工作，但为了保证评价的独立性，内部控制自我评价机构必须具备一定的设置条件：一是具备独立性，即能够独立地行使对内部控制系统建立与运行过程及结果进行监督的权力；二是具备与监督和评价内部控制系统相适应的专业胜任能力与职业道德素质；三是与行政事业单位其他职能机构就监督与评价内部控制系统方面应当保持协调一致，在工作中相互配合、相互制约，在效率效果上满足行政事业单位对内部控制系统进行监督与评价所提出的有关要求；四是能够得到行政事业单位领导班子等单位各级领导和工作人员的支持，有足够的权威性来保证内部控制自我评价工作的顺利开展。

（二）相关部门在内部控制自我评价中的职责

对相关部门在内部控制自我评价中的职责划分，应以分工制衡、协调工作、提高效率为宗旨。不同的行政事业单位组织形式，在内部控制自我评价工作的分工上可以有所差异，但无论行政事业单位采取何种组织形式，单位领导班子、内审部门、内部纪检部门和专门的内部控制自我评价机构在内部控制自我评价中的职能作用不会发生本质的变化。

1. 行政事业单位领导与内部审计部门

行政事业单位领导对内部控制自我评价承担最终责任，对内部控制自我评价报告的真实性负责。单位领导可以通过内部审计部门来承担对内部控制自我评价的组织、领导和监督职责。单位领导和内部审计部门应听取内部控制自我评价报告，审定内控重大缺陷、重要缺陷整改意见，对内部控制部门在督促整改中遇到的困难积极协调、排除障碍。

2. 工作人员

行政事业单位领导班子组织实施内部控制自我评价工作，一方面授权内部控制自我评价机构组织实施，另一方面需要各级单位工作人员积极支持和配合内部控制自我评价工作的开展，为其创造良好的环境和条件。各级单位工作人员应结合日常掌握的业务情况，为内部控制自我评价方案提出关键控制点及应重点关注的业务或事项，审定内部控制自我评价方案和听取内部控制自我评价报告，对于内部控制自我评价中发现的问题及报告缺陷，按照具体整改意见积极采取有效措施，予以整改。各部门及下属单位负责组织本部门的内控自查、测试和评价工作，对发现的设计和执行缺陷提出整改方案及具体整改计划，积极整改，并报送内部控制机构复核，配合内控自我评价工作。

3. 行政事业单位附属单位

各附属单位也要逐级落实内部控制自我评价责任，建立日常监控机制，开展内控自查、测试和定期检查评价，发现问题并认定内部控制缺陷，需拟订整改方案和计划，报本级负责人审定后督促整改，编制内部控制自我评价报告，对内部控制的执行和整改情况进行考核，行政事业单位各部门及下属单位在制定本单位内部控制目标时，应注意结合上级单位相应控制指标要求，如预算控制、采购控制等，并及时与上级单位进行沟通、反馈。

4.内部控制自我评价机构

对于省级以上（包括省级）单位及制度成熟、条件允许的单位应成立内部控制自我评价机构，由单位领导班子统一负责授权，内部控制专家及群众代表组成，独立于内部控制设计机构，对单位内部控制设计及运行的有效性进行定期评价，并负责出具内部控制自我评价报告，向单位领导班子反映评价结果，并最终报至上级财政部门，内部控制自我评价机构根据行政事业单位领导班子授权承担内部控制自我评价的具体组织实施任务，通过复核、汇总、分析内部监督资料，结合单位领导班子的要求，拟订合理的评价工作方案并认真组织实施；对于评价过程中发现的重大问题，应及时与负责人、内审部门及单位各级工作人员沟通，并认定内部控制缺陷，拟订整改方案，编写内部控制自我评价报告，及时向负责人和内审部门报告；督促各职能部门、所属行政事业单位对内部控制进行整改；根据评价和整改情况拟订内部控制考核方案。

5.内部纪律监察部门

行政事业单位内部纪律监察部门要按照相关法律法规对内部控制自我评价报告进行审核，对单位领导班子建立与实施内部控制进行监督。内部纪律监察部门由单位领导班子直接授权，有条件的单位可以单独设立该部门，规模较小或条件不允许的单位由单位领导兼任该部门。该部门侧重于对行政事业单位内部党员同志工作过程中易出现错误导致腐败等违法、违规问题进行监督监察，是站在内部控制较高层面的监督工作，针对行政事业单位内部控制中的关键控制点的关键岗位实施内控监督，直接反映出单位领导对于内部控制建设及实施的态度及力度，行政事业单位内部纪律监察部门从高层领导者工作的严谨性及合法合规性入手，监督行政事业单位日常及特殊事务处理，对单位最高领导人负责，纪律监察部门应对每次监督检查工作过程及结果进行书面记录，评价单位主要管理者的工作情况，并提出相应问题的改进意见，在指定时间内对其问题的解决进行监察。

二、内部控制自我评价内容

行政事业单位内部控制自我评价是对内部控制的有效性发表意见。因此，内部控制自我评价的对象即内部控制的有效性。所谓内部控制的有效性，是指行政事业单位建立与实施内部控制对实现控制目标提供合理保证的程度，由于受内部控制固有限制（如评价人员的职业判断、成本效益原则等）的影响，内部控制自我评价只能为内部控制目标的实现提供合理保证。而不能提供绝对保证内部控制自我评价的有效性，包括组织层级和业务层级内部控制设计与执行的有效性，还包括内部控制缺陷的评价。

（一）组织层级内部控制自我评价

行政事业单位内部控制设计的有效性是指为实现控制目标所必需的内部控制程序都存在并且设计恰当，能够为控制目标的实现提供合理保证。对于财务报告目标来讲，内部控制设计的有效性表现为所设计的相关内部控制能够规范会计行为，保证会计资料的正确性、可靠性，防止、发现并纠正财务报告的重大错报；对于资产安全目标而言，内部控制设计的有效性表现为所设计的内部控制能够合理保证国家财产的安全与完整，防止国有资产流失；对于合规目标来说，内部控制设计的有效性表现为所设计的内部控制能够合理保证行政事业单位遵循国家相关法律法规，确保国家相关规章制度能够得到有效贯彻和落实；对于公共服务目标而言，内部控制设计的有效性表现为所设计的内部控制能够合理保证行政事业单位经济活动的效率和效果。

评价行政事业单位内部控制设计的有效性，可以从以下四个方面来考虑：第一，内部控制设计的合法性，即行政事业单位在对内部控制进行设计的过程中，是否做到以内部控制的基本原理为前提，以相关法律法规为依据；第二，内部控制设计的全面性，即内部控制的设计是否覆盖了所有关键控制点与业务，对单位内部各相关部门人员和相关工作任务都具备约束力；第三，内部控制设计的适当性，即内部控制的设计是否与行政事业单位自身的经营特点、复杂程度以及风险管理要求相匹配；第四，内部控制设计的适应性，即内部控制的设计是否具有环境适应性，能够根据外部环境和自身条件的变化适时地调整关键控制点与控制措施。

（二）业务层级内部控制自我评价

单位业务层级内部控制自我评价主要应包括预算控制、收支控制、采购控制、资产控制、工程项目控制、会计控制和合同控制。

（三）内部控制自我评价报告

1.内部控制总体评价

内部控制建立和执行情况总体评价是对单位组织层级及业务层级内部

控制的建立与实施情况进行总结和评价。总结和评价主要围绕着单位内部控制制度建设的完整性和内部控制制度实施的有效性，并对内部控制实施的总体效果进行分析和总结，其既包括单位组织层级中的组织架构、决策机制、执行机制、监督机制和协同机制，又包括业务层级中的预算控制、收支控制、采购控制、资产控制、工程项目控制、会计控制和合同控制。

2. 内部控制效果分析

内部控制效果分析是对内部控制在单位实施后，对单位组织架构和各项业务活动顺利开展的积极效果进行总结，具体包括单位完成各级政府交给的各项任务以及公共资源、公共资金和国有资产管理的履约责任完成情况等。

3. 内部控制缺陷分析

行政事业单位内部控制自我评价是完善内部控制制度的有效途径，而内部控制自我评价的核心任务是找出行政事业单位内部控制在设计和实施过程中的缺陷，对缺陷的性质进行分析，进而有针对性地提出相应的整改措施并督促落实。因此，从某种意义上说，行政事业单位内部控制自我评价的成效在很大程度上取决于对内部控制缺陷的认定。

内部控制缺陷按照不同的标准可以有不同的分类，一般来说，按照内部控制缺陷的来源不同，可将内部控制缺陷分为设计缺陷和执行缺陷。

（1）设计缺陷

设计缺陷是指行政事业单位缺少为实现控制目标所必需的控制措施，或现存控制设计不当，即使正常运行也难以实现控制目标。

（2）执行缺陷

执行缺陷是指设计有效（合理且适当）的内部控制由于运行不当（包括由不恰当的人执行、未按设计的方式运行、运行的时间或频率不当、没有得到一贯有效运行等）而影响控制目标的实现所形成的内部控制缺陷。

内部控制缺陷一经认定，应以适当的方式向行政事业单位领导班子报告，行政事业单位对于认定的内部控制缺陷，应当及时采取整改措施，切实将风险控制在可承受的范围内，并追究有关机构或相关人员的责任。

行政事业单位内部控制自我评价机构应就发现的内部控制缺陷提出整改建议，并报上级主管部门、单位领导班子、内部审计部门和纪律监察部门批准。整改建议获批后，应制订切实可行的整改方案，包括整改目标、内容、步骤、措施、方法和期限。整改期限超过一年的，整改目标应明确近期和远期目标以及相应的整改工作内容。

（四）内部控制完善的对策建议

内部控制自我评价报告要对缺陷分析中涉及的制度订立与执行中的具体缺陷进行分析和完善，有针对性地设计相应的内部控制活动，调整组织机构和岗位，设置相关工作机制，消除缺陷及其不利影响。

第四节　内部控制自我评价方法及结果处理

一、内部控制自我评价方法

内部控制评价工作应当与内部控制设计和实施工作保持独立，评价的方法、范围和频率由单位根据自身的性质、业务范围、业务规模、管理模式和实际风险水平确定。内部控制自我评价作为行政事业单位内部控制系统的自我检查、自我纠正和自我完善机制，不仅是一个完整的行政事业单位内部控制系统的不可或缺的有机组成部分，同时其自身也自成体系。规范内部控制自我评价的流程，明确具体且操作性强的评价方法，是评价工作得以科学、有序、高效开展的关键，也是最终形成评价报告的前提和基础。

行政事业单位内部控制自我评价工作组对被评价行政事业单位进行现场测试时，可以单独或者综合运用个别访谈、调查问卷、穿行测试、抽样、实地查验、比较分析和专题讨论等方法，充分收集被评价行政事业单位内部控制设计和运行是否有效的证据，按照评价的具体内容，如实填写评价工作底稿，研究分析内部控制缺陷。

（一）个别访谈法

个别访谈法主要用于了解行政事业单位内部控制的现状，在行政事业单位层面评价及业务层面评价的阶段经常使用。访谈前应根据内部控制自我评价需求形成访谈提纲，撰写访谈纪要，记录访谈的内容。为了保证访谈结果的真实性，应尽量访谈不同的人员以获得更可靠的证据。个别访谈法应首先从单位领导班子开始，逐步将范围扩大到各级领导及单位其他员工，这有助于了解单位内部控制思想的建设程度，确定单位内部控制可靠性程度，对整体评价内部控制环境有显著效果。

（二）调查问卷法

调查问卷法主要用于行政事业单位层面评价，如对内部控制整体有效性、控制环境的评价。调查问卷应尽量扩大对象范围，包括行政事业单位各个层级的员工，应注意事先保密，题目尽量简单易答（如答案只需为"是""否""有""没有"等）。比如，你认为你的自身价值是否能够在行政事业单位发展中得到充分实现？你对行政事业单位的核心价值观是否认同？调查问卷法多用于评价行政事业单位内部控制要素的定性因素，在调查问卷的设计中应注意关键问题的提问方式、答案的清晰程度，并对各个给定答案赋值，最终便于定性分析其相关要素。

（三）抽样法

抽样法分为随机抽样和其他抽样。随机抽样是指按随机原则从样本库中抽取一定数量的样本；其他抽样是指人工任意选取或按某一特定标准从样本库中抽取一定数量的样本。在使用抽样法时，首先，要确定样本库的完整性，即样本库应包含符合控制测试的所有样本；其次，要确定所抽取样本的充分性，即样本的数量应当能够检验所测试的控制点的有效性；最后，要确定所抽取样本的适当性，即获取的证据应当与所测试控制点的设计和运行相关，并能可靠地反映控制的实际运行情况。该方法较多地被应用于对收支流程和费用报销授权、签字的审批过程的评价，对于印章和票据管理、债务管理流程及职责、人员培训情况、合同管理等方面同样适用。在评价关键岗位业务人员和部门负责人的轮岗制度、关键岗位人员离岗或工作交接是否存在责任不清和相关资料丢失等情况时，推荐使用抽样法。

（四）实地查验法

实地查验法主要针对业务层面控制，它通过使用统一的测试工作表，与实际的业务、财务单证进行核对的方法进行控制测试，如实地盘点某种存货。实地查验法的结果有多种体现方式，如对某一业务流程的控制评价，既可以通过评估现有记录的充分性来评价控制程度，也可以用流程图来描绘出常规业务的处理流程，直观发现流程中可能出现的错误，并应予实施控制程度的作业点，或者以叙述式记录（如信息处理步骤）反映相关控制情况。

（五）比较分析法

比较分析法是指通过数据分析来识别评价关注点的方法。数据分析可以是与历史数据、标准数据或先进行政事业单位数据等进行比较。比如，对行政事业单位的预算控制进行评价时，最好采用零基预算和细化预算法，找出预算超支的项目并重点审查。比较分析法较为直观的反映方式是矩阵表格，将需分析的控制点、历史数据或标准数据、现行数据、控制描述等编制成矩阵表格，高效地显示数据变化的程度及原因，迅速找出单位应重点控制的环节。

（六）专题讨论法

专题讨论法主要是集合有关专业人员就行政事业单位内部控制的执行情况或控制问题进行分析，既是控制评价的手段，也是形成缺陷整改方案的途径。对于同时涉及财务、业务、信息技术等方面的控制缺陷，往往需要由内部控制管理部门组织召开专题讨论会议，综合内部各机构、各方面的意见，研究确定缺陷整改方案。

在实际评价工作中，以上这些方法可以配合使用。此外，还可以使用观察、检查、重新执行等方法，也可以利用信息系统开发检查方法，或利用实际工作和检查测试经验。对于行政事业单位通过系统采用自动控制、预防控制的，应在方法上注意与人工控制、发现性控制的区别。

二、内部控制自我评价结果处理

（一）单位内部

行政事业单位内部控制评价的首要目的就是建立健全单位内部控制体系，提升单位内部管理水平，使单位组织层面和业务层面内部控制更为科学合理，促使单位内部控制有效实施。在这样的目标下，单位应根据内部控制评价结果，按照风险管理的方法，对单位风险进行识别和分析，按照评价的原则和方法，找出内部控制设计和实施的薄弱环节。行政事业单位内部控制评价报告在单位内部的使用者主要是行政事业单位领导班子、内部审计部门和纪检监察部门等。领导班子应将内部控制评价的结果作为单位内部考核的依据，对执行内部控制成效显著的内部机构和人员提出表彰，将评价结果和单位干部升迁相挂钩，对违反内部控制的内部机构和人员提出处理意见，对发现的内部控制设计缺陷，应当分析其产生的原因，提出改进方案；内部审计部门根据内部控制评价的结果对单位内部控制建设进行设计，有针对性地提出改善内部控制的对策和建议；纪检监察部门应针对内部控制评价结果中暴露的党员干部的违法、违纪和违规情况进行分析，严肃处理并依法追究责任。另外，行政事业单位内部控制评价是相关外部监管部门进行日常监管活动的重要依据。行政事业单位编制的内部控制自我评价报告应当报经上级主管部门、单位领导班子、内部审计部门和纪律监察部门批准后报送至同级财政部门和纪检监察部门，达到外部监管部门对单位内部控制监督管理要求。

（二）政府财政部门

财政部门是行政事业单位内部控制规范的主要制定者和发布者，各级财政部门是行政事业单位内部控制的直接外部管理者。在行政事业单位内部控制的外部监督体系中，财政部门的监督作用贯穿了外部监督过程的始终，尤其在事前监督和事后监督环节中扮演着极为重要的角色。预算管理机构和财政监督机构都要通过内部控制评价报告加强对行政事业单位内部控制的外部监督，建立并完善与部门和预算单位沟通顺畅的工作机制，形成管理合力。要进一步明确财政监督机构与预算管理机构的监督职责，严格落实职责分工。

财政监督机构负责拟定财政监督制度，牵头拟订并组织实施年度监督计划，并对预算管理机构履行日常监督职责进行再监督。财政监督机构与预算管理机构要加强工作协调，建立高效顺畅的工作协调机制和信息共享制度，形成相互协调、紧密衔接的综合监管机制。财政监督机构要参与涉及财政监督的财税政策及管理办法的拟订，及时向预算管理机构反馈财政管理和政策执行中存在的问题及有关监督检查情况。预算管理机构要向财政监督机构抄送文件，开放必要的数据端口，支持配合财政监督机构开展专项监督检查、落实处理处罚决定；根据财政监督机构的意见，完善政策、加强管理，将其作为预算安排的参考依据，并及时反馈成果利用情况，要将近年来的有益经验和成功做法提炼为财政监督法规制度，切实将财政监督贯穿于财政部门工作大局之中，贯穿于财政管理体制、机制建设和改革总体设计之中，贯穿于财政管理运行的全过程，推动建立健全监督机制。

参考文献

[1] 夏宁 . 内部控制学 [M]. 上海：立信会计出版社，2018.

[2] 杨武岐，田亚明，付晨璐 . 事业单位内部控制 [M]. 北京：中国经济出版社，2018.

[3] 杨雪，郭欣 . 内部控制与评价 [M]. 上海：上海财经大学出版社，2018.

[4] 饶亮 . 企业发展战略与内部控制 [M]. 长春：吉林出版集团，股份有限公司 2018.

[5] 韩红蕾 . 现代内部控制理论 [M]. 汕头：汕头大学出版社，2018.

[6] 郑石桥 . 内部控制基础理论研究 [M]. 北京：中国国际广播出版社，2018.

[7] 刘罡 . 高校财务内部控制实务 [M]. 北京：中国农业大学出版社，2018.

[8] 张凌 . 法律视角下的公司内部控制 [M]. 北京：九州出版社，2018.

[9] 宋国敏 . 企业社会责任与内部控制 探索与融合 [M]. 北京：中国社会出版社，2018.

[10] 徐静，姜永强 . 财务管理与内部控制体系构建 [M]. 长春：吉林出版集团股份有限公司，2018.

[11] 陈冰玉，张艳平，祝群 . 内部控制 [M]. 济南：山东大学出版社，2019.

[12] 方红星，池国华，樊子君 . 内部控制 第 4 版 [M]. 沈阳：东北财经大学出版社，2019.

[13] 李连华 . 内部控制学 [M]. 厦门：厦门大学出版社，2019.

[14] 易艳红 . 高校内部控制与风险防范 [M]. 北京：国家行政学院出版社，2019.

[15] 闻佳凤，仲怀公. 现代内部控制学 [M]. 北京：北京理工大学出版社，2019.

[16] 付丹丹. 美国财务报告内部控制审计制度的历史演变 [M]. 长春：吉林大学出版社，2019.

[17] 阮磊. 内部控制与财务管理绩效研究 [M]. 长春：吉林大学出版社，2019.

[18] 张凡. 我国商业银行内部控制研究 [M]. 济南：山东大学出版社，2019.

[19] 徐继金，黄天生，余伟权. 私募基金管理人内部控制实操指引 [M]. 北京：中国市场出版社，2019.

[20] 王凤燕. 财务共享模式下的内部控制与其绩效研究 [M]. 北京：中国社会出版社，2019.

[21] 财政部制定. 内部控制基本规范 内部控制配套指引 [M]. 上海：立信会计出版社，2020.

[22] 王文. 内部控制与风险管理理论与实务 [M]. 长春：吉林人民出版社，2020.

[23] 谢卫虹. 高校二级单位内部控制指南 [M]. 西安：西安电子科学技术大学出版社，2020.

[24] 陶燕贞，李芸屹. 财务管理与会计内部控制研究 [M]. 长春：吉林人民出版社，2020.

[25] 陆敏. 公立医院内部控制体系优化设计研究 [M]. 上海：上海科学普及出版社，2020.

[26] 龚道元，赵建宏，康熙雄. 临床实验室管理学 [M]. 武汉：华中科技大学出版社，2020.

[27] 周秋华. 21 世纪创新型会计实训教学系列教材 会计综合仿真实训 [M]. 上海：立信会计出版社，2020.

[28]（加）杰弗里·皮特曼（Jeffrey Pittman）等. 内部审计外包实践调查与发展探析 [M]. 南京：东南大学出版社，2020.

[29] 王小龙. 信息安全遵从行为的正式控制机制 [M]. 北京：单位管理出版社，2020.